共同富裕视域下
高校实践育人体系
建设研究

肖建国　高逸凡　著

GONGTONG FUYU SHIYU XIA
GAOXIAO SHIJIAN YUREN TIXI
JIANSHE YANJIU

江苏大学出版社
JIANGSU UNIVERSITY PRESS
镇　江

图书在版编目(CIP)数据

共同富裕视域下高校实践育人体系建设研究 / 肖建国，高逸凡著．— 镇江 ：江苏大学出版社，2023.12
ISBN 978-7-5684-2054-9

Ⅰ．①共… Ⅱ．①肖… ②高… Ⅲ．①高等学校—人才培养—研究—中国 Ⅳ．①G649.2

中国国家版本馆 CIP 数据核字(2023)第 218519 号

共同富裕视域下高校实践育人体系建设研究
Gongtong Fuyu Shiyu Xia Gaoxiao Shijian Yuren Tixi Jianshe Yanjiu

著　　者/肖建国　高逸凡
责任编辑/李经晶
出版发行/江苏大学出版社
地　　址/江苏省镇江市京口区学府路 301 号(邮编：212013)
电　　话/0511-84446464(传真)
网　　址/http://press.ujs.edu.cn
排　　版/镇江市江东印刷有限责任公司
印　　刷/广东虎彩云印刷有限公司
开　　本/718 mm×1 000 mm　1/16
印　　张/9.5
字　　数/210 千字
版　　次/2023 年 12 月第 1 版
印　　次/2023 年 12 月第 1 次印刷
书　　号/ISBN 978-7-5684-2054-9
定　　价/49.00 元

如有印装质量问题请与本社营销部联系(电话:0511-84440882)

前　言

共同富裕是社会主义的本质要求，更是中国式现代化的重要特征。新中国成立以来，随着社会经济与改革的快速发展，中国共产党对共同富裕目标的认识越来越深，共同富裕的实践经验愈加丰富，道路也越走越宽。从国家治理的层面出发，在党的十九大之后，中央对扎实推进全体人民共同富裕作出了一系列重大战略部署，其中教育力量为有效推动共同富裕战略提供强大智力支撑，是新时代高校实践育人的新使命与新要求。可以说，共同富裕视域下的高校实践育人，本质上是一种以社会主义共同富裕、教育和生产劳动结合，以及人的全面发展为核心的实践教育。

关于高校实践育人体系的建设，高校实践育人思想的科学内涵为其提供了逻辑支撑。实践是人类生存的基本方式，人类社会的波澜壮阔的发展历史可以看作以实践活动为中心的发展历程，人们借助实践探索并改造客观世界，也在实践历程中认识自我、超越自我。在历史的长河中，人类积淀了丰富的实践育人思想和理论，它们就像夜空中璀璨的星光，为高校实践育人体系的认识和搭建提供了重要启示。我国实践育人思想，在改革开放之前，强调教育与劳动结合、与中国革命实际结合，从而更好地为广大工人、农民服务。此后的一段时期内，高校实践育人以生产劳动为主要形式，但在发展过程中，生产劳动过于突出，使得高校在人才培养质量上明显弱化。这说明，国家社会经济的发展与高校实践育人联系紧密，高校要对标国家战略要求，承担建设高质量实践育人体系的历史使命，提升人才培养与科技创新能力，更好地为服务我国社会经济贡献力量。

进入21世纪，我国深化教育改革，中共中央、国务院尤其强调大学生社会实践对国家发展的重要作用，高校实践育人工作得到了党和国家的高度重视。社会实践被纳入高等学校教学大纲和教学规划中。之后，国家相关部委出台了一系列有关加强大学生社会实践的政策文件。党和国家对高校实践育人工作的重视达到一个前所未有的高度。在迈向共同富裕的新征程中，实现经济社会发展，归根结底需要依靠高水平、高素质的创新型人才。共同富裕战略要求提升高校实践教育服务社会发展水平的能力，优化高校实践教育体系与结构，形成与我国新发展格局相适宜的实践培育模式，使高校成为国家和区域经济社会发展的助推器，增强对大学生社会主义核心价值观的教育引领和实践养成的能力，使大学生成为担当民族复兴大任的时代新人。

在共同富裕战略的引导下，高校在实践育人体系的深入建设中提出要遵循主体性、目标性、系统性、创新性、开放性等基本原则。高校要不断总结我国改革开放以来相关实践育人工作经验，了解其内容逐步丰富、方式不断拓展及形式逐步完善的过程，结合新时代的社会实践和战略目标，将实践育人的过程与实现中华民族伟大复兴的中国梦和人的全面发展结合，加强、升级、创新高校实践育人体系，从而取得理想的培育成效。

本书承接新时代共同富裕战略命题，在这一视域下对高校实践育人体系进行深度思考和探索。第一章分析共同富裕目标理念和实践育人体系的逻辑关系；第二章和第三章分别研究共同富裕视域下实践育人体系建设的意义和现实可能性；第四章则阐述共同富裕视域下高校实践育人体系建设存在的问题及原因；第五章总结了共同富裕视域下高校实践育人体系建设的基本原则；第六章就共同富裕视域下高校实践育人体系建设的逻辑理路提出建议，从思想、主体、顶层设计、内容、方法等方面对高校育人实践工作给予对应启发。

在写作过程中，本书参考了大量文献，力求论证翔实，提出创新性的见解，使广大读者能够对共同富裕视域下的高校实践育人体系有更为系统的认识。但鉴于作者水平有限，书中难免存在不足之处，敬请行业专家与广大读者批评指正。

目 录

第一章　共同富裕目标理念和实践育人体系的逻辑契合

第一节　“共同富裕”的科学内涵

一、共同富裕是中国共产党矢志不渝的奋斗目标①

让人民过上好日子、实现共同富裕，是中国共产党矢志不渝的奋斗目标。新中国成立以来特别是改革开放以来，我党团结带领全国人民朝着实现共同富裕的目标不懈努力。改革开放后，中国共产党深刻总结正反两方面历史经验，认识到贫穷不是社会主义，允许一部分人、一部分地区先富起来，并确立“小康”目标接续推进，人民生活质量和社会共享水平显著提升。党的十八大以来，以习近平同志为核心的党中央，把逐步实现全体人民共同富裕摆在更加重要位置，对共同富裕道路作了新的探索，对共同富裕理论作了新的阐释，对共同富裕目标作了新的部署，坚持以人民为中心的发展思想，采取有力措施保障和改善民生，打赢脱贫攻坚战，全面建成小康社会，朝着全体人民共同富裕的目标迈进了一大步。

在此基础上，党中央根据我国社会主要矛盾的新变化，针对人民对美好生活的新向往，提出促进全体人民共同富裕的目标要求和战略部署：“十四五”时期，全体人民向共同富裕迈出坚实步伐；到 2035 年，全体人民共同富裕取得更为明显的实质性进展；到本世纪中叶，全体人民共同富裕基本实现。党中央的重大战略部署，完整勾画了促进全体人民共同富裕的时间表、路线图，既体现了历史发展的延续性，又顺应了新时代发展的要求和方向，符合全体人民的共同利益和根本利益，反映了社会主义的本质特征，彰显了党的初心使命，必将凝聚起全党全国各族人民的智慧和力量，为建成富强民主文明和谐美丽的社会主义现代化强国、创造更加幸福美好

① 谢伏瞻．如何理解促进共同富裕的重大意义［M］//张占斌．共同富裕专家深度解读．北京：人民东方出版传媒有限公司，2022：3-4.

的生活而不懈奋斗。

二、共同富裕的实质

共同富裕的实质是在中国特色社会主义制度保障下，全体人民共创日益发达、领先世界的生产力水平，共享日益幸福而美好的生活。具体内涵可以从政治、经济和社会三个层面加以把握。

（一）政治内涵：国强民共富的社会主义社会契约

共同富裕是马克思主义的一个基本目标，也是自古以来我国人民的一个基本理想。中国共产党的初心和使命，就是为人民谋幸福、为民族谋复兴、为世界谋大同。毛泽东同志从参与领导土地革命到新中国成立后，一直在理论和实践上探索共同富裕的道路；邓小平同志指出，“社会主义的本质，是解放生产力、发展生产力，消灭剥削，消除两极分化，最终达到共同富裕”；江泽民同志强调“实现共同富裕是社会主义的根本原则和本质特征，绝不能动摇”；胡锦涛同志强调“要使全体人民共享改革发展的成果，使全体人民朝着共同富裕的方向稳步前进”。党的十八大以来，习近平总书记提出以人民为中心的发展思想和新发展理念，明确强调“共同富裕是社会主义的本质要求，是中国式现代化的重要特征”。新时代现代化建设新征程中所推进的共同富裕，旨在激发全体人民的能动性和创造力，发展出先进的生产力，使全体人民共享发展的幸福美好生活。这样的美好前景将鼓舞全体人民围绕这个共同目标而奋斗，凝聚起现代化建设的磅礴力量。

从政治哲学的视角来看，国强民富体现了与资本主义社会契约相对应的中国特色社会主义社会契约。一种社会制度的合法性、生命力和竞争力，根本上取决于其是否能够全面解放生产力、促进生产力的发展，提升国家的综合实力，以及是否能够让全体人民共同享受美好生活，实现社会的公平正义。启蒙运动时代的政治哲学以“社会契约”理论取代了君权神授论，为资产阶级的民主共和国提供了合法性的论证（卢梭）。然而，恩格斯在此基础上有远见地指出，“18 世纪伟大的思想家们，也同他们的一切先驱者一样，没有能够超越他们自己的时代使他们受到的限制”。尽管一些资本主义国家确实创造了发达的生产力，但这些发展成果主要被资产阶级和社会精英群体所垄断，近年来更呈现金字塔尖更小、中产阶级缩减的趋势。资本主义国家为了维护资产阶级统治或者缓解资本主义经济危机，建立了社会保障和转移支付体系，然而，社会大众只能在一定程度上分享发展的成果。

与资本主义社会契约论相对应，马克思和恩格斯在《共产党宣言》中提出了“自由人的联合体”思想，设想共产主义社会将彻底消除阶级、城乡、脑力劳动和体力劳动之间的对立和差别，实行各尽所能、按需分配，实现每个人自由而全面的发展。科学社会主义基于唯物史观发展起来，明确指出解放和发展生产力、最终实现人的自由全面发展的正确道路。马克思曾设想：在新社会制度中，“社会生产力的发展将如此迅速，以致尽管生产将以所有人的富裕为目的，所有的人可以自由支配的时间还是会增加”①。恩格斯也曾设想：在社会主义社会，“通过社会生产，不仅可能保证一切社会成员有富足的和一天比一天充裕的物质生活，而且还可能保证他们的体力和智力获得充分的自由的发展和运用”②。在马克思主义的引领下，党领导全国人民开展不懈的探索和奋斗，在短时间内取得了提高社会生产力、提升国家综合实力、促进人的全面发展等方面的成就。然而，尽管如此，当前发达资本主义国家中不少人仍以资本主义的社会契约论为基础，或出于对社会制度和意识形态差异所产生的偏见，或基于对我国发展的片面和偏颇的观察，给我国的发展道路贴上了“国家资本主义”“权贵资本主义”等标签。实际上，中国特色社会主义始终坚持人民至上的原则，强调全体人民共同分享改革发展的成果。中国共产党一直努力倡导并实践共同富裕的理念，致力于构建更加公正、平等的社会制度。在全球不同社会制度和意识形态竞争的大背景下，中国共产党明确提出在推动国家富强、民族复兴、社会生产力进一步提高的过程中，努力实现全体人民共同富裕。在当前多元世界格局下，中国特色社会主义所展现的制度优势，不仅在实现国家繁荣昌盛方面有目共睹，更在追求全体人民共同富裕的理念上引领着全球社会发展的前进步伐。

（二）经济内涵：人民共创共享日益丰富的物质财富和精神成果

共同富裕以中国特色社会主义基本经济制度为保障，是基本经济制度的自然逻辑延伸，正如习近平总书记指出的那样，“公有制为主体、多种所有制经济共同发展，按劳分配为主体、多种分配方式并存，社会主义市场经济体制等社会主义基本经济制度，既有利于激发各类市场主体活力、解

---

① 中共中央马克思恩格斯列宁斯大林著作编译局．马克思恩格斯全集：第 31 卷［M］．北京：人民出版社，1972：104.

② 中共中央马克思恩格斯列宁斯大林著作编译局．马克思恩格斯全集：第 3 卷［M］．北京：人民出版社，1995：633.

放和发展社会生产力，又有利于促进效率和公平有机统一、不断实现共同富裕”①。

进步较慢的甚至停滞的生产力，无法支撑新时代面向中国式现代化的共同富裕。新时代的共同富裕，不仅意味着纵向上自我的生产力进步，还意味着横向上较之资本主义国家更大的生产力进步，以满足人民群众对美好生活的日益提高、丰富和多样化的需求。共同富裕是全体人民共同富裕、共享发展成果、共同过上幸福美好的生活，而不仅仅是一部分人和一部分地区富裕、享有大部分发展成果和享受美好生活。这首先意味着生活水平差距不能过大，全体人民要享受同等的基本公共服务，不能形成贫富严重分化、阶层固化的局面。但共同富裕也不意味着同等程度的富裕，不意味着生活水平差距越小越好，更不意味着平均主义，而是生活水平差距介于适度范围内，并与对社会所作的贡献相关联。

具体来讲，在社会主义初级阶段，一是要让守法经营和富有创新创业成效者过上富足生活；让诚实劳动者过上富裕生活，进入中等收入群体；让低人力资本水平者或失能者以及创业创新受挫者过上殷实而体面的生活；各阶层人民生活水平都随着社会发展阶段的提升而不断提高。二是要形成城乡协调发展格局，城乡人民生活水平差距保持在适度范围内。三是要形成区域协调发展格局，区域间生活水平差距保持在适度范围内。四是要形成社会阶层和职业人群协调发展格局，不同社会阶层和不同行业就业人群生活水平差距保持在适度范围内。

共同富裕的基础是物质生活的富裕，也包括精神的自信自立自强，还包括环境的宜居宜业，社会的和谐和睦，公共服务的普及普惠，文化产品的丰富共享。多维度的幸福生活为每个人的全面发展创造良好条件。共同富裕作为一个状态意味着一定时期社会大多数人的生活水平要达到中等收入乃至富裕的水平，最低收入者的生活水平要有底线要求。作为一个围绕解决好新时代社会主要矛盾而持续进行的螺旋式上升的发展过程，共同富裕意味着包括最低收入者在内的社会各阶层人民的生活水平都要随着社会发展阶段的提升而相应提升，但也要与所处发展阶段相适应而不能超出社会支撑能力。

---

① 习近平．习近平看望参加政协会议的经济界委员［EB/OL］，（2020-10-11）［2020-05-23］．http：//www．gov．cn/xinwen/2020-05/23/content_ 5514227．html.

（三）社会内涵：中等收入群体在数量上占主体的和谐而稳定的社会结构

共同富裕意味着中等收入群体在数量上占主体。这是一种和谐而稳定的橄榄形社会结构，大部分人口有体面、稳定、高质量的就业，有较高的收入和消费水平，享有良好的社会保障。城乡区域差距基本消失，人口流动基本上限于一定比例的更换就业岗位者，不再有大比例人口常态化的异地迁徙和流动。

第二节 “实践育人”的理论渊源

一、中国传统文化“知行观”视野下的实践育人

中国传统文化知行观，尤其是知行合一观，强调知行并重，知行互相促进，能够“知行相资以为用”，对中国教育事业具有重大的指导作用。改革开放以来，中国教育非常重视理论认知与生活实践的统一，《国家中长期教育改革和发展规划纲要（2010—2020年）》中强调，要注重知行统一，坚持教育教学与生产劳动、社会实践相结合。这种传统的知行观作为我国教育思想的核心观点之一，是实践育人的重要理论源头，对推动我国教育事业的健康快速发展，现代实践育人理论的完善，具有极为重要的意义。

（一）学如弓弩，才如箭镞：实践育人的以知促行

中国传统文化知行观积极倡导通过学习获取知识，弘扬自主学习和终身学习的理念，强调学习的重要作用，强调学习对实践的作用。实践育人理论中的学习观，即源于中国传统文化中的学习观，是对中国传统文化及历代先贤学习观的继承与发展。

《论语》中谈到“学而时习之，不亦说乎”，《荀子·劝学》中的“学，不可以已”，以及《曾广贤文》中的“学者如禾如稻，不学者如蒿如草”。朱熹在《观书有感》中的诗句“问渠那得清如许，为有源头活水来”，均表达了只有学习新知识，才能达到新境界。朱熹认为“为学之实，固在践履。苟徒知而不行，诚与不学无异。然欲行而未明于理，则所践履者，又未知其果何事也”（《朱文公文集》卷五十九《答曹元可》），直接指出了学习知识的目的在于指导实践，在实践中深化认识。毛泽东也在《中国共产党在民族战争中的地位》中指出，“有了学问，好比站在山上，可以看到很远很多的东西；没有学问，如在暗沟里走路，摸索不着，那会苦煞人”。

可见，中国传统文化中强调学习是成长进步的阶梯，依靠厚实的见识来引导，就可以让才能更好地发挥作用。因此，青年学生要好好学习，增长知识，应该把学习作为首要任务，作为一种责任、一种精神追求、一种生活方式，让勤奋学习成为青春远航的动力。青年学生要抓紧时间学习。当今世界，知识增长、更新很快，新知识和新事物层出不穷，而一个人的时间和精力终究是有限的，正如古人云，“吾生也有涯，而知也无涯”。青年学生要勤于学习、敏于求知，注重把所学知识充分吸收，形成自己的见解，既要博览、专攻，又要关心国家、关心人民、关心世界，学会担当社会责任。

实践育人是对学生认知规律的客观遵循。实践决定认知，而认知又反过来指导和促进实践。高校的莘莘学子，只有在学好知识、掌握知识的前提下，才能更好地去实践，因为学习是实践的先导；一所承载育人重任的高校，需要本着第一课堂与第二课堂、理论学习与社会实践相结合的原则培养人才。因此，高校实践育人需遵循学生思想的自觉和学习知识的先行原则，这样才能在实践中少走弯路。

（二）为学之实，固在践履：实践育人的以行促知

中国传统文化知行观强调学习的实践性，即学习的目的是实践，倡导获得知识后要勇于实践，通过实践证实和深化所学知识。实践育人理论中的实践观与老一辈革命家的实践观一脉相承，是对中国传统文化及历代先贤实践观的继承与发展。

荀子的论述，颇为经典，广为人知。他认为“闻之而不见，虽博必谬；见之而不知，虽识必妄；知之而不行，虽敦必困”。可以说，他深刻诠释了这个道理：虽然学习的目的在于实践，但是通过实践才能更深刻地理解和掌握所学的知识。曾国藩的“格物、诚意”更是主张以“格物”达到“致知”获取知识，再通过“诚意”力行按格物所获知的道理，达到“知”与“行”的统一，把知行关系提高到“经世致用”的高度。毛泽东明确提出，学习的目的全在于应用，要善用马克思主义之“矢”去射中国革命之“的”，他认为实践也是种学习，要在实践中学。他在《实践论》中指出：“如果有了正确的理论，只是把它空谈一阵，束之高阁，并不实行，那末，这种理论再好也是没有意义的。”①

中国传统文化知行观告诉我们，实践是学习的深化，是知识转化为能

① 毛泽东. 毛泽东选集：第一卷［M］. 北京：人民出版社，1991：292.

力的途径。青年学子要明白学习的目的是应用，只有抓住黄金时间、珍惜学习机会，坚持学以致用，在丰富多彩的实践活动中验证知识、深化认识，才能掌握真才实学，增益其所不能。

理论联系实际是教学的基本原则，实践育人是对高等教育教学规律的客观遵循，而强调学习的实践性、教育的实践性是实践育人的显著特征。实践育人诠释的是培养人的手段、过程和目标，强调的是通过“实践”这个手段达到“育人”的目标，通过“育人”这个过程让学生投入实现“实践”的目标。实践育人能够使学生在实践中对知识产生深度的理解，让知识转化为能力，进而投身中国特色社会主义的伟大事业，成为建设祖国的有用之才、栋梁之材。

二、习近平系列论述中的实践育人观

习近平同志的实践观与老一辈革命家、政治家的实践观一脉相承，是对中国传统文化及历代先贤实践观的继承与发展。习近平同志多次倡导要弘扬知行合一观。2013 年 7 月 11 日至 12 日，他在河北省调研指导党的群众路线教育实践活动时强调，要开展好党的群众路线教育实践活动，需做到以“知”促“行”、以“行”促“知”、知行合一。

“我们的国家要上进，我们的民族要上进，就必须大兴学习之风，坚持学习、学习、再学习，坚持实践、实践、再实践。”① 这个观点贯穿习近平同志的一系列重要讲话。他强调实践出真知，实践分高低，实践见成效，实践是最伟大的学校。他说，学习的目的是应用，不管是学富五车，还是才高八斗，不实践就一切等于零；一切有用的知识和正确的方法，只有付诸实践，才能获得成功。2014 年 5 月 4 日，在北京大学师生座谈会上，习近平指出，“道不可坐论，德不能空谈。于实处用力，从知行合一上下功夫，核心价值观才能内化为人们的精神追求，外化为人们的自觉行动”。他期望青年学子学以致用，勇于到条件艰苦的基层、到国家建设的一线、到项目攻关的前沿去经受锻炼，成为可堪大用、能担重任的栋梁之材。

“空谈误国，实干兴邦。这个道理，我们要牢记在心。”习近平同志如此强调过。这个道理就是认知与实践的统一，在提高认知的同时，必须注重实践、崇尚实践。他多次强调，必须在全党大兴学习与实践之风，依靠学习和实践走向未来。他希望青年能够更新学习理念，明确学习目的。习

① 习近平. 习近平在中央党校建校 80 周年庆祝大会暨 2013 年春季学期开学典礼上的讲话[N]. 人民日报，2013-3-3.

近平同志说："读书已成了我的一种生活方式。"在当今时代，要树立自主学习、终身学习的理念，要让学习成为一种责任、一种生活方式；要综合学习，不仅要学习书本，学习他人，也要在实践中学习，在生活中学习，在工作中学习；要边学习边思考。同时，还要丰富学习内容，创新学习方法。习近平同志提出，要认真学习党史、国史，知史爱党，知史爱国；要学习经济、政治、历史、文化、社会、科技、军事、外交等方面的知识，要结合实际需要来学，不断提高自己的知识水平、专业能力。要构建科学的学习方法体系，把传统学习方法与现代学习平台结合起来，把个人学习、小组学习、社区学习结合起来，把向书本学习、向专家学习、向实践学习结合起来，把知识、方法、信仰三个层面的学习结合起来，把传授式、互动式、共享式学习方式结合起来。

党的十八大特别是十八届三中、四中全会以来，党正谱写全面深化改革、依法治国的新篇章。高等教育也正在大力推进综合改革和依法治校的进程，实践育人被赋予"改革"和"法治"的新理念、新内涵，必将迎来新气象、新格局。

总而言之，新中国的历代领导人都在理论上、实践上继承和发展了马克思主义实践观的思维方式，采取实践的态度，保持思维的开放性、立体性、灵活性，是与直观、先验的思维方式相对立的崭新的思维方式。密切关注变化中的实际，自觉将思想认识应用于实践，随着实践的发展而发展，这是马克思主义的"本性"。

三、知名教育家的实践育人观

人们很早就认识到实践在教育中的重要作用。近现代的一些知名教育家对实践育人也有不少经典的论述。

（一）陶行知的实践育人观

教育家、思想家陶行知提出生活教育理论，他提出"生活即教育""社会即学校""教学做合一"三大主张，力主在生活实践中教育人。这三大主张构成了陶行知的生活教育理论体系。

在批判他的老师杜威提出的"教育即生活"主张的基础上，陶行知提出"生活即教育"，这是他生活教育理论的核心。陶行知提出，"生活主义包含万状，凡人生一切所需皆属之"。这里的"生活"应作广义的理解，指的是"包含广泛意味的生活实践"，包括整个自然界和人类社会生活在内，是人类一切实践活动的总称。

陶行知认为，教育与生活是同一个过程，教育包含在生活之中，而且必须和生活结合才能发生作用。他主张把教育与生活完全融在一起，“过什么生活便是受什么教育”。陶行知认为，人在社会上过的生活不同，所受的教育也不同，“过好的生活，便是受好的教育；过坏的生活，便是受坏的教育，过有目的的生活，便是受有目的的教育”①。他还提出：“生活教育与生俱来，与生同去。出世便是破蒙，进棺材才算毕业。”② 可见，陶行知所倡导的“教育”是以“生活”为前提的。他认为不与实际生活相结合的教育就不是真正的教育，同时坚决反对没有以“生活作中心”的死教育。

“生活即教育”的本质是指生活决定教育，教育改造生活。教育的目的、内容、原则、方法由生活决定；教育要通过生活来进行；整个的生活要有整个的教育；生活是发展的，教育也应当随着时代的不断前进而不断发展。“教育改造生活”，即教育对生活有能动的作用，而不是被动地由生活制约。“生活即教育”体现了生活与教育的辩证关系。陶行知说：“在一般的生活里，找出教育的特殊意义，发挥出教育的特殊力量。同时要在特殊的教育里，找出一般的生活联系，展开对一般生活的普遍而深刻的影响。把教育推广到生活所包括的领域，使生活提高到教育所瞄准的水平。”③

“社会即学校”思想来源于杜威的“学校即社会”思想，是对这种教育思想的批判吸收。陶行知认为，如果主张“学校即社会”，则学校里的东西太少了。不如反其道而行之，主张“社会即学校”，如此，教育所需的材料、方法、工具、环境都大大增加，学生、先生也可以多起来。“社会即学校”与“生活即教育”紧密相连，是“生活即教育”的逻辑延伸与保证。因为生活教育的“生活”是社会生活，所以“整个的社会运动，就是我们的教育范围，不消谈什么联络，而他的血脉是自然相通的”④。

“教学做合一”是生活教育理论的教学论。对“教学做合一”的理解，陶行知认为在生活里，一个活动对事说是做，对己说是学，对人说是教，教、学、做是一种生活的三个方面，不是三个各不相谋的过程。“教学做是一件事，不是三件事。我们要在做上教，在做上学。”⑤“从学习的原则看起来，事情怎样做，就须怎样学。譬如游泳要在水里游，学游泳，就须在水

---

① 陶行知．陶行知文集［M］．太原：山西教育出版社，2021：65.

② 陶行知．陶行知文集［M］．太原：山西教育出版社，2021：65.

③ 陶行知．陶行知全集：第八卷［M］．成都：四川教育出版社，2005：569.

④ 陶行知．陶行知文集［M］．太原：山西教育出版社，2021：3.

⑤ 陶行知．陶行知文集［M］．太原：山西教育出版社，2021：14.

里学。若不下水，只管在岸上读游泳的书籍，做游泳的动作，纵然学了一世，到了下水的时候，还是要沉下去的。"①

（二）约翰·杜威的实践育人观

美国著名哲学家、教育家约翰·杜威，从实用主义经验论和机能心理学出发，提出"教育即生活"和"学校即社会"的理念。杜威认为，教育是生活的过程，而不是将来生活的预备。最好的教育是"从生活中学习、从经验中学习"。教育应当为学生提供条件，保证其生长或充分生活，不应当强迫学生吸收外面的东西，要让学生与生俱来的能力得到生长。教育的目的就在过程之中，在它的自身以外没有目的。他反对从外部强加目的。

杜威认为，教育是一种社会生活过程，学校就是社会生活的一种形式。他强调学校应该成为"一个小型的社会""一个雏形的社会"。在学校里，应该把现实的社会生活简化为雏形状态。学校必须是一种社会生活，而且具有社会生活的全部内容；校内学习应该与校外学习相连接，两者之间应当自由地相互影响。"学校即社会"并不是在学校里面简单地重现社会生活。学校是一种特殊的环境，应具有三个功能——"简单和整理所要发展的倾向的各种因素；把现存的社会风俗纯化和理想化；创造一个比青少年任其自然时可能接触的更广阔、更美好的平衡的环境"②。

在批判传统学校教育的基础上，杜威提出了"从做中学"的教学论基本原则，指出人类最初和最牢固地保持的知识是关于"怎样做"的知识，所以，教学应该就是"做"的过程。如果学生没有"做"的机会，那么发展必然会受到阻碍。人生来就有做事和工作的愿望，对活动有强烈的兴趣，对这种现象教育者要特别重视。杜威认为，"从做中学"也就是"从活动中学""从经验中学"，将学校获得的知识与生活中的活动联系起来。学生能从真正有教育意义和有兴趣的活动中学习，有助于他们的生长和发展。杜威表示，贯彻"从做中学"的原则，会使学校施加于其成员的影响更加生动、更加持久，并且含有更多的文化意义。

杜威要求课堂中要为学生准备具有充分活动的空间和适应活动需求的材料、工具。他要求在学校里设置实验室、工厂、园地等，让学生在活动的过程中学习。他认为"做中学"就是要设计一个对学生来说充满了有趣的事物的环境，并且要足够充分和复杂，让不同学生产生不同的反应，并

---

① 陶行知. 生活即教育［M］. 武汉：长江文艺出版社，2019：118-119.

② 杜威. 杜威教育论著选［M］. 赵祥麟，王永绪编译. 上海：华东师范大学出版社，1981：145.

允许每个学生自由地去做，按照自己特有的方式作出他的贡献。

杜威的“从做中学”，明晰了知与行、学与做的关系，强调了实践对认识的作用，击中了传统教育的要害，即重知不重行、脱离学生和社会实际，体现了现代教育的特征，符合人类认识事物的规律，即知识是从实践中获得的。当然，杜威的观点也有局限性。受客观条件限制，作为个体的人不可能亲身经历所有学习到的事物，现实生活中的一些活动也无法完全模拟。

第三节　教育和人的生产劳动结合思想

一、教育和人的生产劳动结合的经典理论

（一）教育与生产劳动相结合是马克思主义关于教育的基本原理

尽管马克思没有对劳动教育加以确切定义，但他在多个场合精辟地阐述了“教育与生产劳动相结合”的思想，阐释了劳动教育的内涵。马克思在《资本论》中说：“毫无疑问，工人阶级在不可避免地夺取政权之后，将使理论的和实践的工艺教育在工人学校中占据应有的位置。”① 在此基础上，马克思还提出了综合技术教育思想，使得教育同生产劳动相结合具有了实质性内涵。习近平在纪念马克思诞辰 200 周年大会上的重要讲话中指出：“实践的观点、生活的观点是马克思主义认识论的基本观点，实践性是马克思主义理论区别于其他理论的显著特征。”实践观点是马克思主义哲学的基本观点，实践作为主要力量，推动了人类历史的发展。因此，马克思认为：“全部社会生活在本质上是实践的。”“哲学家们只是用不同的方式解释世界，问题在于改变世界。”②

马克思还在《政治经济学批判大纲》中提到，“在再生产的行为本身中……生产者也改变着，炼出新的品质，通过生产而发展和改造着自身，造成新的力量和新的观念，造成新的交往方式，新的需要和新的语言”③。这就表明，教育与生产劳动结合，是促进人全面发展的有效途径。对于理想的未来教育，马克思阐述道：“未来教育对所有已满一定年龄的儿童来

① 中共中央马克思恩格斯列宁斯大林著作编译局. 马克思恩格斯文集：第 5 卷［M］. 北京：人民出版社，2009：561-562.

② 中共中央马克思恩格斯列宁斯大林著作编译局. 马克思恩格斯文集：第 3 卷［M］. 北京：人民出版社，1960：8.

③ 中共中央马克思恩格斯列宁斯大林著作编译局. 马克思恩格斯文集：第 46 卷（上）［M］. 北京：人民出版社，1979：494.

说，就是生产劳动同智育和体育相结合，它不仅是提高社会生产的一种方法，而且是造就全面发展的人的唯一方法。”① 列宁也曾有过类似的表述：“没有年轻一代的教育和生产劳动的结合，未来社会的理想是不能想象的；无论是脱离生产劳动的教学和教育，或是没有同时进行教学和教育的生产劳动，都不能达到现代技术水平和科学知识现状所要求的高度。”② 这就是说，教育必须使学生获得较为全面的知识，学生既能用脑劳动，也能用手劳动。

（二）教育与生产劳动相结合是马克思主义中国化的重要组成部分

早在20世纪30年代，毛泽东就指出：“苏维埃文化教育的总方针在什么地方呢？在于以共产主义的精神来教育广大的劳苦民众，在于使文化教育为革命战争与阶级斗争服务，在于使教育与劳动联系起来。”③ 他还说：“我们的教育方针，应该使受教育者在德育、智育、体育几方面都得到发展，成为有社会主义觉悟的有文化的劳动者。”④ 1954年后，党中央又多次强调教育必须与生产劳动结合，提出要在学校开设生产劳动课程等主张并实施。

改革开放以来，历任党和国家领导人都深刻指出劳动在人才培养中的重要意义。邓小平认为：“现代经济和技术的迅速发展，要求教育质量和教育效率的迅速提高，要求我们在教育与生产劳动结合的内容上、方法上不断有新的发展。……更重要的是整个教育事业必须同国民经济发展的要求相适应。”⑤

在1999年6月召开的第三次全国教育工作会议上，江泽民提出：“我们必须全面贯彻党的教育方针，坚持教育为社会主义为人民服务，坚持教育与社会实践相结合，以提高国民素质为根本宗旨，以培养学生的创新精神和实践能力为重点，努力造就‘有理想、有道德、有文化、有纪律’的，德育、智育、体育、美育等全面发展的社会主义事业建设者和接班人。”⑥

---

① 中共中央马克思恩格斯列宁斯大林著作编译局．马克思恩格斯全集：第23卷［M］．北京：人民出版社，1972：530.

② 中共中央马克思恩格斯列宁斯大林著作编译局．列宁全集：第2卷［M］．北京：人民出版社，1984：461.

③ 中共中央文献室，中央档案馆．建党以来重要文献选编（1921—1949）：第11册［M］．北京：中央文献出版社，1995：127.

④ 中共中央文献研究室．毛泽东文集：第7卷［M］．北京：人民出版社，1999：226.

⑤ 邓小平．邓小平文选：第2卷［M］．2版．北京：人民出版社，1994：107.

⑥ 中共中央文献研究室．十五大以来重要文献选编（中）［M］．北京：中央文献出版社，2000：56.

2000年2月，江泽民在关于教育问题的谈话中指出："人才的成长最终要在社会的伟大实践和自身的不断努力中来实现。这个观点，要好好地在全社会进行宣传。"①

2006年，胡锦涛指出："全面实施素质教育，核心是要解决好培养什么人、怎样培养人的重大问题，这应该成为教育工作的主题。"② 党的十七大确定了培养德智体美全面发展的社会主义建设者和接班人的目标。党的十八大报告指出，要强调尊重劳动，"营造劳动光荣、创造伟大的社会氛围"。

党的十八大以来，在充分继承马克思主义劳动观和中华优秀传统文化的基础上，习近平在不同场合，围绕中国梦、劳动、劳动者、劳模精神等内容，对劳动作出重要论述。习近平在党的十九大报告中指出，要"建设知识型、技能型、创新型劳动者大军，弘扬劳模精神和工匠精神，营造劳动光荣的社会风尚和精益求精的敬业风气"，从而把劳动上升到"工匠精神"的更高层面，而这种精神的实质就是职业道德、能力技术和品质素养的全面体现。

二、教育与生产劳动相结合的时代内涵

（一）马克思关于生产劳动的论述与发展

早在100多年前，马克思和恩格斯就提出将生产劳动与儿童的早期教育结合起来的观点，但这一观点只能被看作指导当时工人斗争的一个具体结论，而不是马克思主义教育同生产劳动相结合理论的实质内涵。马克思主义教育同生产劳动相结合的理论，是在对现代工业、现代社会运行和发展基本规律深刻分析的基础上建立起来的。

关于生产劳动，马克思立足于当时实际，从两方面加以说明：一是从一般劳动过程的角度出发，生产劳动就是生产物质产品的劳动，反之，则为非生产劳动；二是从社会生产关系的角度出发，生产劳动是给使用劳动的人生产剩余价值的劳动。100多年来，随着生产力和现代市场经济的发展，社会分工日趋复杂，产业链条不断拉长，产业门类与日俱增，产业结构越来越高度化和复杂化，劳动也越来越多样化。与此相应，马克思当年着重分析的物质生产部门（第一、第二产业）的发展呈相对收缩态势，而众多非物质生产部门（如科技、教育、信息、金融以及为生产生活服务的

---

① 江泽民. 江泽民文选：第2卷［M］. 北京：人民出版社，2006：590.

② 中共中央文献研究室. 十六大以来重要文献选编（下）［M］. 北京：中央文献出版社，2008：617.

其他部门）则如雨后春笋般迅猛发展，在国民经济中所占比重日益提高，尤其是第三产业作为一个新兴产业，其地位不断攀升和作用不断加强，成为国民经济的重要支柱和发展动力。此外，由于社会主义在本质上消灭了剥削，马克思所说的剩余价值剥削及资本主义生产劳动的社会规定性也就自然而然消失了。

在当代社会，劳动可概括为任何个体通过发挥自身智力和体力而展现其有益性的过程，只要不违反法律和道德伦理，都应被看作诚实的创造性劳动。换句话说，人类遵纪守法的一切活动，无论体力的还是智力的，或者混合性的，都可以称为劳动。结合现实的劳动，关于“生产劳动”的含义，在现阶段可以界定为：由社会分工所决定、符合一定社会生产目的、与财富和价值的创造直接或间接相关的各类劳动。

（二）教育与生产劳动相结合是现代大生产对教育提出的必然要求

教育是把人类所创造的知识经验传授给受教育者，并转化为受教育者自身精神财富的一种社会化过程。教育与社会经济发展密不可分，社会经济变革倒逼教育通过相应改革来接受挑战。不同时代人类的生产活动和其他实践活动的范围和性质不同、所凭借的知识和积累的经验不同、社会给予个人精神财富的内容不同，教育的性质也就不同。现代大生产的特征是生产越来越成为知识密集型、科学密集型生产，因而要求劳动者掌握知识，即广泛的普通文化知识、系统的科学基础知识与综合技术知识。受教育者只有通过教育才能提高智力，特别是提升创新精神和能力，从而不断适应社会生产发展、产业升级的需求。

（三）教育与生产劳动相结合是新时代实现立德树人育人目标的有效载体

黄炎培认为：“各级教育，应于训练上一律励行劳动化，使青年心理上确立尊重职业之基础，且使获得较正确之人生观。”① 实践出真知，劳动长才干。劳动教育最本质的意义是培育受教育者尊重劳动的价值观，以及提升他们对劳动的内在热情和劳动创造的积极性。因此，劳动不仅有利于受教育者身心健康的发展和意志品质的磨练，而且能塑造其艰苦奋斗的精神及自强自立的人格。新时代应有新作为，习近平指出：“伟大梦想不是等得来、喊得来的，而是拼出来、干出来的。我们现在所处的，是一个船到中流浪更急、人到半山路更陡的时候，是一个愈进愈难、愈进愈险而又不进

---

① 安树芬，彭诗琅．中华教育通史：第9卷［M］．北京：京华出版社，2010：2090.

则退、非进不可的时候。”① 这对作为未来建设者和接班人的学生提出了更高要求，新时代的劳动者“不仅要有力量，还要有智慧、有技术，能发明、会创新，以实际行动奏响时代主旋律”②。

强化劳动教育，以立德树人引领劳动教育和有关的实践活动，不仅能使学生感受并相信劳动是推动历史进步的根本力量，更好地发扬艰苦奋斗精神，而且有利于学生形成正确的价值观，从而激发他们的潜能和斗志，勇敢地面对困难和挑战。

三、高校教育与生产劳动相结合的实践探索

（一）人的生产劳动发展需求推动实践育人

高校实践育人的内生动力来源于哪里？从实践主体的视角看，实践育人的内生动力在于人的未完成性，原生动力在于人的发展需要，最终目标在于理想人的生成，即真正解答好“培养什么人、如何培养人以及为谁培养人”这个根本问题。这三个部分不仅是高校实践育人主体的内生动力之源，而且从逻辑上有效构成了高校实践育人完整的内生动力链。人是“具有未确定性的未完成性的存在物”。人始终是变量的存在，既是未完成体，具有不确定性，同时也具有无限的可能性，其本质是生成性存在，需要自身的不断发展以实现完满。

1972 年的联合国科教文报告《学会生存——教育世界的今天和明天》中认定人的非确定性是人的主要因素，呼吁人们正视与尊重人的未完成性，“人永远不会变成一个成人，他的生存是一个无止境的完善过程和学习过程。人和其他生物的不同点主要就是由于他的未完成性”③。正因为人是未完成体，具有不确定性，所以，一是谁都有非完善性；二是谁都有无限可能性，而人的魅力就在无限可能性之中；三是需要通过教育和实践来补偿人的非完善性；四是谁都有受教需要与受教可能。因此，人需要在社会生活中，在政治、经济社会、文化和生态文明等诸多因素影响下完善自我，不会满足于已有的存在，会依靠人自身具有的巨大潜能在广阔的发展空间

---

① 习近平．习近平在庆祝改革开放 40 周年大会上的讲话［R/OL］．（2023-09-07）［2018-12-18］．http：//www．gov．cn/xinwen/2018-12/18/content_ 5350078．htm.

② 习近平．习近平在同全国劳动模范代表座谈时的讲话［R/OL］．（2023-06-10）［2013-04-29］．http：//www．gov．cn/ldhd/2013-04/28/content_ 2393150．htm.

③ 联合国教科文组织国际教育发展委员会．学会生存：教育世界的今天和明天［M］．华东师范大学比较教育研究所，译．北京：教育科学出版社，1996：196.

里竭尽全力实现一个理想的自我。正是这种未完成性和可能性，为思想政治教育的存在提供了客观依据。因为人有理想性的可能，也会有非意愿性的可能；正是因为人有变坏的可能，思想政治教育才有必要，也正是因为人有变好的可能，思想政治教育才有价值。人的生成性的诱因是外刺激与内需要，有刺激、有需要才会有生成、有创造。实践教育是一种外在的教育载体和刺激，它既是个体自身成长的内在需要，也为个体的发展提供可能和路径。由此可见，人的未完成性和无限可能性正是实践育人的逻辑起点。

人的需要是人的固有属性，也是人的本性。马克思和恩格斯在《德意志意识形态》中说得很明确："他们的需要即他们的本性。"所谓人的需要，是人未能得到维持生存与发展自我的满足而又产生的外向欲求与期望状态，是对自身生存与发展的条件性期望与理想性追求，表现为对外部世界的占有欲望与对未来的内在追求，产生于人对外部世界的依赖。它反映了人的内在本质的规定性：一是对现实状态的未满足性心理反映，不满足感越强则其需要感也越强；二是与自己的人生目的联系在一起，人的需要是人生目的的直接反映，目标越大则期望感越强；三是人的意愿状态永远领先于人的现实状态，人永远处于追求之中。人的需要是实践活动的内在要素，是人发展的本原与原动力，人的价值的实现来自人的需要的满足。"没有需要，就没有生产。"

一方面，人的行为是受人的需要驱使的，人的内在需要是人的行为的直接动力，人的行为是围绕着人的需要展开的，人的一切活动都是为了满足自身需要。可见，人的需要才是社会活动的真正导演者。人总是生活在需要与期望之中，都想从现实的此岸进入理想的彼岸，这是人对生存与发展的自信，是人生的目标，也是一种精神信仰，人们总是以其对自身的美好期望去激励自己，去激发力量。人不会轻易放弃自身生活中形成的殷切期望，即使尚存一丝希望，也会转换为克服困难的巨大力量，为之奋斗不息。人的需要与期望是对人的可能性的领悟与把握，是理性的，也是感性的，是人为实现自身的人生价值而奋斗的内在根据，能转换为信仰与力量，一个人的需要与期望越强烈，则潜能发挥越充分。因此，人的需要是实践教育的原生动力，它驱动青年学生主动投身实践活动，在实践中提升自我、完善自我、发展自我，不断满足个体发展的内在需要。另一方面，高校实践教育又会使人进一步明白自己需要什么，明确自己的人生目的或价值追求；同时，使人进一步明白如何满足自己的需要或实现自己的理想。从思想政治教育者的角度看，实践教育还有助于教育者了解当代大学生的主导性需要是什么，不同阶段的青年学生的需要发生了什么样的变化，从而提升思想政治教育的科学性、针对性和实效性。因此，实践主体的需要才是高校实践育人的原生动力。

（二）教育与生产劳动相结合在我国的发展过程

早在革命战争时期，中国共产党就十分重视在自己创办的学校中实践马克思主义关于教育与生产劳动相结合的学说。然而，中华人民共和国成立后，我们在教育与生产劳动相结合上出现过偏差。20 世纪 50 年代末 60 年代初，由于过于迷信苏联模式，我国教育界片面重视基础理论而忽视了实践教育。“文化大革命”期间又出现以劳代学现象，甚至把劳动作为改造和惩罚知识分子的手段，曲解了劳动的本来意义，造成思想上的混乱。改革开放以来，我国恢复了升学考试等制度，教育质量明显提升，但应试教育又让学生日渐脱离现实劳动，加之他们没有受过生活的磨砺，缺乏艰苦的锻炼，思想、身体和心理素质水平较低，以致社会上出现了对青年学生不满的声音。党的十八大以来，习近平总书记殷切期望培养青少年深厚的劳动观念和情怀，多次从劳动创造的功能、民族复兴的劳动发展观等高度，阐述教育与生产劳动相结合的重要性。劳动教育在大、中、小学越来越受到重视，已基本形成了制度化、规范化的劳动教育体系。我们还要从立足劳动培养人的价值观、促进人的全面发展角度，使劳动教育体系更富内在生命力。

（三）教育和生产劳动结合下实践育人存在的问题

目前，我国教育发展正处于矛盾和改革期：一方面国家的发展需要大批专家和高素质劳动者，另一方面教育滞后，不能及时提供社会急需的人才；一方面社会需要各个层次的人才和劳动者，另一方面很多人希望自己成为掌握高级知识和技能的专家学者；一方面社会渴望教育培养出富有创造精神和能力的建设者，另一方面现在教育体制机制不足，教师的素质不高，乃至社会不良风俗习惯影响，又使得学生创新创业的推动力不足。

出现这些现象的原因有以下五方面：

一是在对劳动教育性质的认识上，未充分认识到中国国情的特殊性。我国传统的教育、人才观念至今还影响着人们的行为。“学而优则仕”“分数论英雄”的传统观念，至今依然影响着相当部分家长和学生。为追求学业成绩，学生陷于书本的海洋中，唯“智”独尊，繁重的学习任务和脱离生产实际的理论知识不仅让学习寡淡无味，也让学生的求知欲大大削减，在一定程度上影响了学生的全面发展。这种现象与马克思主义有关教育与生产劳动相结合的理论逻辑相悖，偏离甚至违背了学生成长成才的规律。

二是在劳动教育体制机制的构建上，未充分挖掘劳动教育的丰富内涵。“劳动教育就是干体力活”的片面观点依然存在，而且教育者对劳动态度、劳动习惯、劳动情感、劳动意志、劳动知识、劳动技能和劳动思维等内容构成的劳动教育的完整体系的把握也不够精准。学生在生产劳动中获得的技能技巧被忽视或漠视，德智体美劳“五育”并举的教育方针被割裂看待，“五育”融合育人的格局尚未真正建构起来。这种忽视或漠视生产劳动的教育观不利于青年学生身心发展，不利于培养德才兼备的中国特色社会主义建设者和接班人。

三是在劳动教育的责任分担上，未充分调动社会资源。学生在学校获得的知识必须经受社会实践的检验，使其真正发挥效用。唯有与实践相结合的教育，才是“真正的和有用的教育”。社会、企业要有计划地对学生实践活动进行扶植，积极主动配合学校，全面参与到学校对未来劳动者的教育过程中，而不是停留在形式上，更不是简单指责学校闭门育人。面对中华民族伟大复兴的历史使命，面对世界发达国家的产业和科技竞争，党中央站在全局高度，明确了“人才竞争将是第一位、最重要的因素”。新形势下，面对新的战略要求，教育与企业如何突破传统思维，努力培养面向未来世界竞争的合格人才，是学校的责任，更是企业义不容辞的义务之一。

四是在劳动教育的引领保障上，未形成一支与之相适应的师资队伍。目前，高等教育师资结构发生了根本性变化，高学历和具有国际教育背景的一大批中青年教师走上传道授业岗位，他们自身学业经历多为从中学到大学再回到大学，长期接受的是象牙塔内的科学熏陶，拥有良好的科学素养，但缺乏深入一线，特别是融入科创企业的主动性和迫切性。随着国家产业转型升级的进行及持续开放，高等教育必然要承担起更多的责任，不仅要培养出具有良好科学与技术素养的人才，更要培养出敢于到基层一线，具有创新意识且脚踏实地的劳动者。因此，逐步建立一支高水平、创新能力强的示范性师资队伍是一大批应用型高校办学的关键。

五是在劳动教育的操作点上，未孵育好劳动力市场。目前，我国市场经济体制，特别是劳动力市场的发育还不成熟，政府职能的转变也还没有彻底完成，还未能有效地对教育发展进行宏观控制，各级各类学校也还难以自主地根据劳动力市场供求状况对其培养目标、规模和发展速度等进行合理调整。在高等教育体系中，长期以来存在着过于强调学科型人才培养而忽略技术应用型人才培养的倾向，学校的专业结构和人才培养模式还不同程度地存在与社会发展需求脱节的问题，特别是与高新技术产业发展相关的人才，以及某些高层次经营管理人才的培养相对滞后。

第四节　共同富裕视域下高校实践育人的生成机理和理论逻辑

一、共同富裕视域下高校实践育人的生成机理

共同富裕是社会主义的本质要求，是中国式现代化的重要特征。共同富裕，基础是富裕，关键是共享，重点是缩小差距。教育尤其是高校实践育人在促进全体人民共同富裕的历史进程中发挥着重要而独特的作用。

（一）共同富裕的基础在于富裕

我国已经全面建成小康社会，开启了全面建设社会主义现代化国家的新征程。我国人均 GDP 自 2019 年起突破 1 万美元，站在了迈向中高收入国家的门槛上。依据世界银行 2020 年国别收入分类标准，各国和地区被分为高收入国家（人均 GDP 高于 12535 美元）、中等偏上收入国家（人均 GDP 在 4046~12534 美元）、中等偏下收入国家（人均 GDP 在 1036~4045 美元）和低收入国家（人均 GDP 不到 1036 美元）。我国目前处于中等偏上收入国家行列。预计到 2035 年，我国人均 GDP 将达到 2 万美元以上，稳步进入高收入国家行列。

在从中等偏上收入国家向高收入国家迈进的过程中，教育尤其是高等教育发挥着重要作用。从国际经验看，很多国家没能从中等偏上收入国家进入高收入国家行列，而陷入了“中等收入陷阱”。学术界在过去几十年进行了大量理论和实证研究，研究究竟是什么原因促进了一些国家长期经济增长，而大部分国家却陷入中等收入陷阱，结论虽不尽相同，但是都强调了教育在促进经济可持续发展中的作用。

在国家中等偏上收入阶段，世界各国各地区政府普遍普及了义务教育和基本普及了基础阶段教育，各国各地区发展教育的一个重要方面就是高等教育尤其是高等教育的高质量发展，并以高等教育的高质量发展促进长期的科技进步和经济增长。陷入中等收入陷阱的国家，有一个共同点，那就是教育尤其是高等教育不能与一个国家的社会经济发展水平相适应，不但无力为经济社会发展作出贡献，反而产生副作用。研究也发现，在国家低收入阶段到中等收入阶段的发展过程中，基础教育发挥了重要作用，而

从中等收入阶段到高收入阶段的发展过程中，教育质量相比于教育数量、高等教育相比于基础教育、高级技能水平相比于基础技能水平，对国家成功跨越中等收入阶段具有更为重要的作用。我国要成功跨越中等收入阶段，在2035年实现人均GDP比现在翻一番的目标，就需要在普及义务教育和高中阶段教育的情况下，重视高等教育结构的调整和质量的提高，发展高质量的高等教育，为实现奋斗目标提供人才与智力支撑。

（二）共同富裕的关键是共享，重点是缩小差距

发展成果由人民共享，不断满足人民日益增长的美好生活需要是共同富裕的本质要求。在教育方面，实现共享就是要建立高水平的教育基本公共服务体系，实现教育公益性。党的十九届五中全会通过的《中共中央关于制定国民经济和社会发展第十四个五年规划和二〇三五年远景目标的建议》提出"坚持教育公益性原则，深化教育改革，促进教育公平"，为构建新时代基本公共教育服务体系指明了方向。在迈向高收入国家、实现共同富裕的进程中，建立高水平的基本公共教育服务体系尤为重要，其不仅有利于满足人民群众日益增长的美好生活需要，而且有利于促进社会物质文明和精神文明双丰收。

高校实践育人本身虽然不属于公共教育基本服务体系的重点，但是却在引领和带动建设高水平的公共教育基本服务体系中起着重要作用。由此，高校实践育人必须坚持教育公益性原则，把社会责任与国家使命内化为自身的价值追求，提升公共服务能力与水平。从全球看，随着经济全球化的发展和世界格局的变迁，新自由主义在全球范围内开始没落，高等教育的国际化、全球化与产业化、市场化逐步退潮，人们开始重新讨论高校实践育人的价值，反思高校实践育人的基本功能与发展逻辑，核心是反对基于新自由主义理念制定的相关高校实践育人政策，这也促使高校实践育人的公益性与国家性得到进一步增强。特别是人们普遍认识到高校实践育人机构尤其是一流大学必须重视公益性，必须强化高校实践育人的社会责任，强化实践育人的公共服务功能与公共利益，强化高等教育机构作为国家机构的组织原则，强化高校实践育人基地对于社会公平与教育公平的价值使命。在促进和实现共同富裕的进程中，秉承公益性原则和公平理念的高等教育发展成为实现共享发展的重要维度。

共同富裕的重点是缩小差距，包括城乡差距、区域差距、不同社会群体的差距，突出表现为缩小收入差距。不断扩大中等收入群体规模和比重则是缩小收入差距走向共同富裕的重要途径。党的十九大报告提出，从

2020年到2035年要使中等收入群体比例明显提高，全体人民共同富裕迈出坚实步伐；《中共中央关于制定国民经济和社会发展第十四个五年规划和二〇三五年远景目标的建议》则进一步提出要让中等收入群体显著扩大；2021年8月中央财经委员会第十次会议特别提出要着力扩大中等收入群体规模与比重，形成中间大、两头小的橄榄型分配结构。

随着我国由低端产业链向中高端产业链转移发展，劳动中的知识含量、技术含量、技能含量增加，职业结构、岗位结构和人力资源结构的调整要求更多接受过系统高等教育的劳动者，这是经济结构调整优化和实现高质量发展的必然要求。系统接受高等教育不仅是经济发展的客观需要，而且是扩大中等收入群体的重要支撑。从国际经验看，接受系统的高等教育是知识经济时代中等收入群体的标志。“十三五”期间，我国新增劳动力平均受教育年限为13.8年，受过高等教育的比例达到53.5%，比2015年的42.5%提高了11个百分点。新增劳动力接受过高等教育的比例超过一半，这对于源源不断培养和输送高质量的人力资源，改善人民生活品质，促进社会流动和社会公平，发挥了重要作用。2020年，我国各类高等教育在学总规模为4183万人，高等教育毛入学率达到54.4%，有超过一半的年轻人接受高等教育，这对于未来培养和壮大中等收入群体规模意义重大。

（三）共同富裕对高校实践育人提出的要求

促进共同富裕要求建立高质量的高等教育实践体系。当今世界，综合国力的竞争说到底是人才的竞争。新征程上，我国要实现经济社会发展，归根结底要靠高水平创新型人才。这就要求更加重视人才自主培养体系的建设，全面贯彻党的教育方针，坚持立德树人，通过评价机制、资源配置方式与治理改革将适应原来经济社会发展的传统人才培养体系转化为与新发展阶段相适应的现代化人才培养体系，以经济社会发展、行业发展、职业要求为依据，建设市场与社会需求导向的人才培养体系，以实现人才培养体系的多元化。进一步强调服务国家战略和经济社会发展是高等教育的重要使命，提升高校实践育人服务经济社会发展水平，让高校实践育人成为国家和区域经济社会发展的助推器。优化高校实践育人内外部体系与结构，让高校实践育人成为与新发展格局相适应的高速公路。建立全面、多样、开放的实践育人体系，让实践育人成为服务全民终身学习的教育体系的立交桥。

促进共同富裕需要高校实践育人坚持公益性，把以教育公平促进社会公平作为立足点。高等教育有别于义务教育，具有更强的私人收益性与社会效益性，但世界各国无论教育体制如何不同，均认同高等教育是具有公共性质的事业，政府都在不同程度上以直接投资或者财政补贴、税收优惠等形式给予支持。同时，由于知识型和创新型人才在知识经济社会是典型的公共产品，使得高等教育实践育人的本质属性体现为公益性。高等教育实践育人的公益性不仅体现在提升个人人力资本的教育收益上，更体现在注重扩大受教育的群体上，通过实现实践教育资源配置与扩大受教育规模来进一步缩小区域、城乡等差距，以教育公平促进社会公平，向大多数人提供更高质量的教育资源。

促进共同富裕要求促进高校实践育人的区域协调发展。促进包括高校教育在内的区域协调发展，是构建新发展格局的重要内容，是推进共同富裕的内在要求和重要途径。在新发展阶段促进区域协调发展，必须处理好效率与公平的关系，着力创造激励共同努力、共同奋斗的体制和政策环境，在推动高质量发展中逐步缩小区域发展的差距。我国高校实践育人的区域发展不均衡表现为中西部与东部差距较大。国家“十四五”规划明确提出“优化区域高等教育资源布局，推进中西部地区高等教育振兴”。中西部地区高等教育振兴是我国新时代区域发展的重要方面，是立足新发展阶段、贯彻新发展理念、构建新发展格局的体现，意在通过提升中西部地区的高等教育水平提高人才培养和科技创新能力以促进中西部地区经济社会发展，通过解决东部与中西部的高等教育发展不平衡和中西部地区内部的高等教育发展不均衡来带动解决其他方面的不平衡。促进高校实践育人的区域协调发展，既要做好锦上添花、培育增长极的事情，也要做好雪中送炭、增强欠发达地区发展能力的事情。健全区域教育合作机制，鼓励和支持各地区开展多种形式的区域高等教育协作和招生、院校合作，形成“以东带西、东中西共同发展”的格局。健全区域教育扶持机制，加大对经济欠发达地区高校实践育人的支持力度。实践育人需转变发展思路，把过去眼睛向东向上看变为眼睛向西向下看。高等学校要遵循学校与区域经济联动发展的规律，主动进入区域经济产业链中，根据不同地区经济社会的发展特征完善高校实践育人的活动形式和机构设置，以区域战略性支柱产业和新兴产业集群打造优势学科集群，将自身实践育人体系及人才培养结构与经济产业结构相契合，走内涵式发展道路。

（四）实践育人促进共同富裕的生成机理

1. 政治之维：高校实践育人蕴含发展与共享的建设站位

高校实践育人的重要价值意蕴在于促进学生的人格完善与全面发展，

并坚持把发展与共享作为重要的实践指向，契合共同富裕政治之维的精神意蕴。“共同”意指发展机会的共同、权力赋予的共同，要求实现携手共进、协同共进的发展格局，打造共生、共建、共享的发展生态，高校实践育人在这一过程中发挥着重要作用。在社会主义核心价值观的指引下，高校实践育人通过人才培养的效能转换，着力提升人才培养综合质量，努力为做大“蛋糕”厚植人才基础，以实现对“蛋糕”的优质共享。具体来说，其一，高校实践育人反哺物质成果共享的实践逻辑。目前，中国是世界第二大经济体，近年来对世界经济增长的平均贡献率在30%左右，但同时，我们也必须更加“自觉主动解决地区差距、城乡差距、收入差距等问题”，以更好实现全体人民共同富裕的中国式现代化。高校实践育人注重创新实践育人形式，通过开展文化、科技、卫生“三下乡活动”加大对革命老区、民族地区等相对贫困地区的帮扶力度，努力缩小区域收入分配差距，以实现区域、城乡居民对物质财富的共享。其二，高校实践育人内蕴精神成果共享的现实逻辑。共同富裕的价值归属以“人的全面发展”为重要特征，高校实践育人把实现学生全面发展作为育人理念。高校实践育人致力于通过创新课程实践育人方式，开展形式多样、带有鲜明时代特色的学术文化活动、文体实践活动、创新创业活动，在提升学生实践能力的同时不断丰富学生的精神文化生活。概而言之，高校实践育人为实现共同富裕提供了人才支撑和精神动力，发展与共享的价值理念在高校实践育人过程中得到充分彰显。

2. 经济之维：高校实践育人契合经济高质量发展的要求

马克思和恩格斯将发展生产力视为实现共同富裕的内在条件，高度发达的生产力是共同富裕的核心保障。生产力飞速提高必然带来财富的指数级增长，使得收入分配和财富占有出现两极分化趋势且日渐加剧。我国绝对性贫困问题已经根除，相对性贫困问题成为下一发展阶段的最大阻碍。在缩小收入差距、发展成果共享问题上，经济发展维度下的共同富裕指向效率与公平的统筹兼顾问题，要实现全体人民共同富裕的中国式现代化，我们“既要创造比资本主义更高的效率，又要更有效地维护社会公平，更好实现效率与公平相兼顾、相促进、相统一”①，以扎实推动共同富裕取得更为明显成效。

实践教育坚持把服务质量提升作为改革突出要点，隐含着共同富裕经

① 习近平．推进中国式现代化需要处理好若干重大关系［J］．求是，2013，（19）：6.

济之维的本质要求。实践教育既坚持经济发展下的效率取向，又注重促进社会公平正义。在我国经济发展已经迈入常态化发展轨道的情况下，实践教育培养的产业工人已经从阶级身份的标签转变为服务社会的职业，加之恰逢实践教育高质量发展阶段，“提升实践教育服务能力”成为2035年教育现代化的重要指标之一。一方面，实践教育促进技能型社会建设。共同富裕的前提是发展，实践教育相关政策定位聚焦于“服务需求”，在服务中促发展。从《国务院关于加快发展现代职业教育的决定》到《国家职业教育改革实施方案》，职业教育面向“促进经济社会发展和人的全面发展”的需要，拓展内容、宽泛对象，衍生出实践教育服务机制，其不仅是教育高质量发展的重要依托，也是实践教育服务共同富裕的重要前提。另一方面，实践教育促进小微企业发展。实践教育秉持服务取向，聚焦小微企业，培育技能人才。大中小企业的共生共赢盘活了市场经济，小微企业的发展势头在共同富裕诉求之下迅速高涨，实践教育通过开展与小型企业、科研机构的深入合作，给予大众创富技能和创富精神，激发各类市场主体活力，解放和发展社会生产力，促进了效率和公平的有机统一，打造了共同富裕的市场经济新业态。

3. 社会之维：高校实践育人是维护社会和谐稳定的有效方式

目前，我国中等收入群体规模超过4亿人，如果以14亿人的基数计算，中等收入人口占比超过30%，然而，低收入群体的比重仍然较大。实现共同富裕的重要途径之一就是将低收入群体转化为中高收入群体，形成中间大、两头小的橄榄型分配结构。在我国推进共同富裕的进程中，扩大中等收入群体比重，使其占总人口的60%~70%，将有助于打造稳定的社会结构。社会之维下对共同富裕的命题解读，在于扩大中等收入群体规模，扶持重点人群及弱势群体，维持稳定、和谐的社会群体结构。

“中等收入群体显著扩大”是“十四五”时期的核心目标之一。增加中等收入群体比重，帮扶弱势群体，朝向橄榄型社会结构发展，不是“劫富济贫”，而是通过教育开发人力资本，补足重点群体发展能力缺陷。在此过程中，高校实践育人可以为扩大中等收入群体、维护社会和谐稳定添智助力。具体而言，高校实践育人是提升大学生教育质量、增强大学生社会化能力的重要举措。一方面，高校实践育人为高校毕业生实现中等收入水平添智。研究表明，收入水平与受教育程度基本呈正相关关系，在高收入者中有超过50%的人接受过高等教育，在低收入者中有74.23%的人的文化程度为初中及以下。当前，高校实践育人在高校人才培养体系中发挥了愈加重要的作用，高校通过革新课程实践教学形式、创新课外实践育人活动等方式有效激发学生学习的积极性、主动性和创造性，并能显著提升学生专业实践能力，这为大学生在毕业后实现较高质量就业并实现中等收入水平提供了现实可能。另一方面，高校实践育人为增强高校毕业生社会化能力助力。就业是最基本的民生，高校毕业生就业是稳就业的重中之重，是关系发展稳定和民生福祉的大事要事。高校实践育人通过以学生为中心开展实践教学，为在校大学生提供劳动教育实践、创新创业实践、专业技能实践等实践育人活动，可以有效提升大学生社会化能力，增强高校毕业生综合素质和能力，从而有效维护社会的和谐稳定。

二、共同富裕和高校实践育人的理论逻辑

（一）实践育人可厚植共同富裕的人力资本

扎实推动共同富裕，关键在于人力资本水平和个体发展能力的提升。教育不仅是形成人力资本的核心要素，更是提升人民脱贫致富能力的关键举措。通过优化育人链条、创新育人方式、完善育人内容，培养符合共同富裕要求的劳动者，充分释放人才红利，可为共同富裕提供智力支持和人力支撑，厚植共同富裕人力资本。

首先，优化育人链条，培育有共同富裕技能的专业人才。我国高校需要积极推进实践育人体系建设，为受教育者提供有针对性的就业培训与技能培训，培养符合时代要求、具备就业创业能力的劳动者，实现更高质量的就业，以增加劳动者收入，促进共同富裕。同时，普及实践育人模式，培养时代所需人才，促使劳动者掌握更核心、更精密、更专业的技能，增强其核心竞争力，培养共同富裕所需的高素质、高水平专业劳动者。

其次，完善育人内容，培育有共同富裕热情的创新人才。一方面，增强育人内容的现实性。在专业课程和实践训练中增加有现实适应性的教学内容，使教育教学更好地对接科技创新前沿，培育具备创新能力、创新热情、创新意识的现代化人才，开发经济社会发展所需的科技、产品、产业等创新成果，为扎实推动共同富裕提供不竭的创新动力。另一方面，增强育人内容的交叉性。通过建立学科专业动态管理系统，加大科学研究、创新创业、校企合作等项目内容的学科跨度，增强教学内容领域学科交叉性，培养多元融合型创新人才，使劳动者能更加适应共同富裕目标下的多元现实要求，提高其参与共同富裕的能力和热情。

最后，创新实践育人方式，培育有共同富裕意识的优质人才。创新的

实践育人活动能够有效缩短劳动者接受工作岗位培训、习得生产技能、熟悉新设备和掌握新技术的时间，增强广大劳动者的自信心与效能感，进而激发其实现共同富裕的积极性。通过探索依托网络空间和智能教室等数字教育资源、人工智能和大数据等新兴科技的新型育人方式，智能组合课堂讲授、主题讲座、线上宣传、树立典型、现场观摩、实践培训等教育形式与手段，不断提升劳动者科学文化素质与认知能力，使他们在潜移默化的教育中濡染共富思路，增强共富意愿。

（二）实践育人将筑牢共同富裕精神底蕴

共同富裕是全体人民有适度差距的全面富裕，是物质生活与精神生活都富裕。当前我国不少地区的物质生活已达到相对富裕程度，但精神生活相对滞后。因此，需坚持社会主义核心价值观的引领，增加精神文化资源等的供给，在高校实践育人中开展精神文明教育和思想政治教育，以夯实共同富裕文化根基、加深共同富裕精神底蕴，在达成共识、强化共生中推动物质生活与精神生活全面共同富裕。

教育具有移风易俗、淳化社会风尚、转变消极落后思想观念等作用。高校通过实践教育，可以教导学生自觉遵循社会主义核心价值观，将价值观念转化为情感认同和行为习惯，同时内化于心、外化于行地将其贯穿至精神文明建设的方方面面，引导他们自觉遵守共同的行为规范，抵制与批判恶俗、媚俗文化，不断丰富和充实精神文化生活，激发他们追求健康精神文化生活的热情，提升精神境界，增强精神力量，实现精神生活共同富裕。

此外，高校实践育人活动具有选择、创造、共享精神文化资源、产品与服务的作用，是实现精神生活共同富裕的发动机与助推器。实践教育的发展能满足人民多样化、多层次、多方面的精神需求，使人们具有积极的精神生活方式与富足的精神状态。所以，要将高校实践教育作为抓手培育有人民情怀的文化事业工作者，生产贴近人民生活的精神文化产品，开展适切的文化惠民活动，为人民提供高质量教育文化服务，助力实现精神生活共同富裕。

高校实践教育包括精神文明教育和思想政治教育，它可以筑牢人们精神文化高地。精神文明教育和思想政治教育具有举旗帜、聚民心、育新人、兴文化、展形象的使命和担当，与实现精神生活共同富裕的需求相契合。加强精神文明教育和思想政治教育，一是能够引领主流价值观，宣传主流文化，充分发挥优秀文化陶冶人、引领人、造就人，以及淳化社会风气的功能，为精神生活共同富裕提供精神依归。二是能够引领人们正视野、明是非、辨正误，引导人们对各种富裕思潮进行理论分析、优劣剖析，澄清对共同富裕的模糊认识，指正消极脱贫致富的错误观点，帮助人们树立积极的共同富裕思想观念。三是能够提高人们的网络素养，遏制网络“喷子”、网络暴力、制造与传播有害虚假信息等行为，为精神生活共同富裕营造风清气正的网络环境。

（三）实践育人可夯实共同富裕机制保障

治国以教化为先，高校现代化的实践育人活动不仅是社会治理现代化的重要组成部分，更是促进共同富裕的关键途径。完善的教育机制是教育治理体系与治理能力现代化的保障，为教育助推共同富裕提供重要基础与跃升支撑。实践育人可推动教育整体性发展，确保教育公平，构建现代化高质量教育体系，实现教育治理现代化，促使教育以更高的人力资本水平和智力水平为社会治理现代化提供充沛动力和有效支撑，为实现共同富裕奠定良好治理基础。

教育不仅是经济社会繁荣发展的基础，也是人民收入提高的关键，教育的快速高质量发展是实现全体人民共同富裕的重要抓手。实践育人能有效提升教育质量，提高教育和经济社会发展适配度，为实现共同富裕提供不竭动力。为健全实践育人机制，在教师队伍建设方面，高校要不断完善教师专业成长机制，提升教师教学能力，促使教师更好地培养经济社会发展和共同富裕建设所需的创新型、复合型、应用型、技术技能型人才；在劳动人才培养方面，不断深化人才培育和引进等教育制度的改革，完善人才服务共同富裕建设的激励机制，激发广大劳动者对共同富裕建设的热情，积极为共同富裕提供智力支撑。

（四）实践育人将保障共同富裕民生底线

以人民为中心是我党治国理政的鲜明主线，改善民生促进共同富裕是党的工作的主题。因此，兜牢民生底线、增进民生福祉、满足人民对美好生活的向往是扎实推动共同富裕的前提和基础。教育是基础性民生工程，高校实践育人的民生保障与共同富裕息息相关。它不仅能够满足人民群众的基础性和普遍性需求，还能帮助人民群众解决可持续性生计问题，是兜住人民群众生活底线，推动全体人民共同富裕的关键。

实现共同富裕，须坚持教育优先发展方针，落实立德树人根本任务，加快教育现代化进程，这决定了高校实践育人要着重完善现代职业教育培训体系、终身教育体系和继续教育体系等，推动教育高质量发展，进而提高学生认知能力、学习能力和就业能力，为劳动者提供获得劳动报酬、参与共同富裕建设的机会与能力，缓解结构性失业矛盾，实现“劳有所得”。

教育是社会经济增长的助推器，通过增加人力资本存量拉动经济增长。也就是说，教育投资的加大能更好地满足人民群众对基本教育的需要，让人民获得平等的受教育权利与机会，拥有基本生存和发展的能力，同时在保障民生的基础上提升人力资本质量，可以发挥优质人才拉动经济发展、推动共同富裕的作用。

在人民群众最关心的教育领域提供更加精准、更有质量保证、更加普及普惠的基本教育公共服务，是兜牢人民教育需求底线、改善与保障民生、推动全体人民共同富裕的重要举措。因此，高校实践育人不仅需要完善教育服务内容，还应结合知识经济、信息时代、科技革命等的需要，有针对性地补充教育服务内容，使教育服务更加精准地契合社会经济快速发展和全体人民全面发展的现实需要，使人民群众具备参与经济建设、获得劳动报酬、实现共同富裕的知识与能力，进而为共同富裕长期稳定发展提供永续动力。

第二章　共同富裕视域下实践育人体系建设的重大意义

第一节　践行马克思主义科学实践观的应有之义

一、马克思主义实践观视野下的实践育人

（一）马克思主义实践观的定义

马克思认为实践活动是人所从事的“感性活动”“对象性活动”，“环境的改变和人的活动的一致，只能被看作是合理地理解为变革的实践”①。因此，实践是一种感性活动，是人与外部世界之间的桥梁，反映了二者之间的相互作用。通过实践，人能够在改变外部客观世界的同时，实现自身的改变。人的生产活动，是在一定的社会关系中进行的，人们通过生产活动，与自然界发生关系，对自然界造成影响。可见，人们在生产劳动中，既发生人和自然的关系，也发生了人与人之间的关系，而且随着人与自然界关系得到改造和发展，人际关系也会得到改造与发展。总之，马克思主义所说的实践，就是人们通过一定的社会关系所进行的认识改造自然、认识改造社会和认识改造人本身的感性物质活动，反映了人的主观世界和客观世界相互作用、相互影响，是人类得以生存、发展和壮大的社会历史进程。

马克思主义实践观实现了“本体论”和“认识论”的统一，是马克思主义哲学的首要观点，构成了马克思主义认识论的基础。马克思主义实践观，确立了认识来源于实践，实践是认识的基础；阐明了实践是检验真理的标准，认识正确与否必须在实践中进行验证；指出实践是提高人的认识能力的根本途径，人只有通过实践，才能使自身的认识能力得到提高和发展。

马克思主义实践观实现了自然观和历史观的统一。马克思主义实践观

---

① 中共中央马克思恩格斯列宁斯大林编译局．马克思恩格斯全集：第3卷［M］．北京：人民出版社，1960：4．

认为，实践是人类得以存在和发展的基本方式，人和社会在本质上具有实践性。自然界先于人和社会而存在，因此人所从事的改造自然世界的物质实践活动，是人类生存和发展的基础，先于人类社会的政治活动、精神活动，并对其具有基础性作用。这就把联系人和自然关系的物质生产活动作为基础性的实践活动，把人类发展历史归结为物质生产资料的生产方式发展的历史，从而用物质资料生产方式的变化和发展去说明人和社会的历史发展，通过详细解读生产力和生产关系以及经济基础和上层建筑的矛盾，去总结和阐述人类社会的历史发展规律。

马克思主义实践观实现了唯物论和辩证法的统一。马克思主义实践观从科学实践观出发，认为人是从事实践活动的主体，突破了旧唯物主义只把人当作“感性存在”的片面认识；认为人类历史是在生产力和生产关系、经济基础和上层建筑等矛盾推动下不断向前发展的历史，突破了旧唯物主义对人类历史是静止、孤立的的错误认识。总之，马克思主义实践观包含辩证法，克服了旧唯物主义的直观性、机械性和形而上学，从而更加科学、全面、客观地看待世界。

（二）马克思主义实践观的五大要义

马克思、恩格斯在《德意志意识形态》一书中，明确表明自己的哲学是“实践的唯物主义”，这是马克思主义哲学与旧唯物主义的根本区别。实践的唯物主义在承认自然界的客观实在性和对于人类的先在性的前提下，突出了人类的主观能动性，注重从人类改造自然界的实践中所体现出来的相互作用的主客观关系来认识世界和把握世界。可见，把实践作为唯物主义哲学思考的重点是马克思主义哲学的显著特征。

因此，实践的观点是马克思主义哲学的基本观点，也是马克思主义哲学区别于旧哲学的重要标志，唯心主义和旧唯物主义的片面性，就在于它们都忽视了人的物质实践活动。马克思主义的实践观，超越了唯心主义和旧唯物主义的局限性，确立了人的实践活动在全部社会生活中的地位和作用。深入理解马克思主义实践观的要义，主要从以下几个方面着手。

1. 实践的唯物主义

实践是主体借助一定手段，有目的有意识地改造客体的物质活动，正是在实践的基础上，物质转化为意识，意识又转化为物质。在改造客观世界的同时，主观世界也得到改造；而主观世界的改造，又进一步推动客观世界的改造。这就是马克思主义实践的唯物主义。实践的基本特征：一是客观实在性。实践活动是人们为达到一定目的、有意识地进行的活动，实践活动必须也必将对客观世界造成一定的改变。可以说实践的对象、方式及造成的结果都是客观的、物质的。二是自觉能动性。实践是人们作为主体有目的地进行的有一定价值追求的物质活动，人们通过对客观世界的改造，来实现自己的目的，从而创造出世界上原来没有的东西以满足自身的需要。三是社会历史性。从事实践活动的主体总是处在一定社会关系中，并受当时社会历史条件的制约。因此，从实践的主体到对象，乃至实践的方式方法都具有一定的历史性。进而，人们实践活动的能力、水平都受到一定社会历史条件的制约，并且随着历史的发展而发展。

2. 实践是社会生活的本质

马克思指出："从前的一切唯物主义——包括费尔巴哈的唯物主义——的主要缺点是：对事物、现实、感性，只是从客体的或者直观的形式去理解，而不是把它们当作人的感性活动，当作实践去理解，不是从主观方面去理解。所以，结果竟是这样，和唯物主义相反，能动的方面却被唯心主义发展了，但只是抽象地发展了。"① 也就是说，旧唯物主义重视外部世界的客观实在性，忽视了作为有意识的人的主观能动性。唯心主义则相反，他们片面地强调了人的精神力量，否认了外部世界的客观实在性。马克思的观点则更为科学全面，他既看重作为实践活动主体的人的主观能动性，又承认客观世界对人的实践活动具有的物质条件和精神条件的制约性。因此，他特别强调："全部社会生活在本质上是实践的。"② "环境的改变和人的活动或自我改变的一致，只能被看作是并合理地理解为革命的实践。"③ 总之，外部客观环境对人的思想认识具有决定作用，同时人的思想认识又对外部客观环境具有能动的反作用。无论是客观环境决定人的思想，还是人的思想反作用于客观环境，归根结底都是建立在人的实践活动基础之上的，离开了人的实践活动，就不可能发生思想与环境的改变。

3. 实践是主客观统一的基础

在马克思主义哲学产生以前，对思维和存在、主观和客观是否具有统一性，怎样才能实现二者的统一的认识不一。马克思强调："人的思维是否具有客观的（gegenständliche）真理性，这不是一个理论的问题，而是一个

---

① 中共中央马克思恩格斯列宁斯大林编译局. 马克思恩格斯全集：第3卷［M］. 北京：人民出版社，1960：3.

② 中共中央马克思恩格斯列宁斯大林编译局. 马克思恩格斯全集：第3卷［M］. 北京：人民出版社，1960：8.

③ 中共中央马克思恩格斯列宁斯大林编译局. 马克思恩格斯全集：第3卷［M］. 北京：人民出版社，1960：7.

实践的问题。”① 这就是说人的思想认识是否正确，是个实践的问题，只能通过实践来进行验证。“凡是把理论引到神秘主义方面去的神秘的东西，都能在人的实践中以及对这个实践的理解中得到合理的解决。”② 当理论与实践不一致时，就要让理论服从于实践，通过对实践经验的再总结，使已有的认识不断丰富，原有的理论得到修正和发展。恩格斯曾指出，对不可知论及其他一切哲学上的怪论的最令人信服的驳斥是实践，即实验和工业。实践是主观通向客观的桥梁，只有在实践中才能实现主观和客观的统一。

4. 实践对认识的决定作用

实践是认识的基础，对认识具有决定作用。一是实践是认识的来源。客观事物只有经过实践，才能反映到主体的头脑中，产生认识。肯定认识来源于实践，并不排斥人们接受间接知识的必要性。二是实践是认识发展的动力。实践给认识提出新课题；实践为研究新课题提供必要的经验材料；实践为观察研究提供必需的物质手段；实践推动着人的思维能力的完善和发展。三是实践是检验真理的标准。一种认识是否正确，在认识范围内，依靠认识本身是解决不了的，必须通过实践的检验才能最后确定。一般说来，如果一种认识付诸实践，达到了预期的目的，就证明其是正确的，否则就是错误的。四是实践是认识的目的。认识的任务，不仅在于正确解释世界，更为重要的是运用正确的认识能动地改造世界。一切认识，包括高层次的理论认识，都是为了指导实践，服务于实践。五是认识对实践的指导作用。认识一经产生，便具有相对独立性，但这种相对独立性是以认识依赖于实践为前提的。认识对实践的反作用，突出表现为理论对实践的指导作用，理论为实践活动指明方向、提供方法；理论对未来实践的发展提供预见或预测；理论动员、鼓舞和组织群众参加实践，为实现预定目标而奋斗。

5. 注重实践，提高主体认识能力

事实证明，在大体相同的客观条件下，由于主体认识能力上的差异，人们的认识能力和实践结果是不一样的。可见，注重实践，提高主体认识能力极为重要，应着重从以下几方面努力：一是政治立场。应自觉坚持正确的政治方向，牢固树立全心全意为人民服务的思想，一切从广大人民群

① 中共中央马克思恩格斯列宁斯大林编译局．马克思恩格斯全集：第3卷［M］．北京：人民出版社，1960：7.

② 中共中央马克思恩格斯列宁斯大林编译局．马克思恩格斯全集：第3卷［M］．北京：人民出版社，1960：8.

众的根本利益出发，自觉坚持群众观点和党的基本路线。二是思维方法。只有掌握马克思主义哲学，才能正确处理主观与客观、认识与实践、个人与集体等关系，观察和处理问题才有科学的思维方法。三是文化素质。学习文化知识，不但要掌握马克思主义基本理论，而且要掌握当代经济、政治、法律、军事、科技等多方面的知识。四是经验积累。经验越多，认识和处理问题就越全面准确。要善于积累经验，要批判地借鉴前人的、国外的经验，并结合新的实际加以运用。五是价值取向。在社会主义条件下，人民内部存在一定的利益矛盾，各自的价值取向也存在差异。我们应当自觉践行社会主义核心价值观，大力倡导为人民服务和集体主义的价值观。坚持实践，正是坚持马克思主义的根本观点，必须从当代实践和人类一切文明成果中汲取营养，不断发展创新理论，只有用发展着的马克思主义，才能科学地解释并正确地指导新的实践。

二、马克思主义实践观对我国实践育人模式的启示

马克思主义的实践观，之所以不同于以往的实践观，其核心在于把实践引入了自身理论体系。实践的观点是构成马克思主义哲学理论体系的理论基石，是马克思主义辩证唯物论和历史唯物论的理论基础，是马克思主义认识论最首要、最基本的观点。在《关于费尔巴哈的提纲》中，马克思指出，实践的最本质的特征就在于具有革命性，人们能通过实践改造世界。他批评费尔巴哈不理解实践的“革命的”特征。马克思精辟地指出：“哲学家们只是用不同的方式解释世界，而问题在于改造世界。”可见，在马克思看来，马克思主义实践观最直接最根本的问题在于改造世界，而不是像以前的哲学家一样只是去解释世界。当然，解释世界同样具有必要性和重要性，科学地解释世界能为改变世界创造必要的前提条件。

联系现阶段的实践育人目标，我们的实践育人不能仅停留在用所学知识联系社会实际，在社会实践中进一步加深和巩固已学知识的层面上，应更加看重社会实践在人的全面发展中的重要作用，看到人在实践中的自觉能动性，在实践中，让大学生运用所学知识创新，进行改造世界的实践活动，从而推动和促进大学生的全面发展。

一方面，要重视实践的“客观性”，坚持开展实践育人活动。从马克思主义实践观理论看，实践是人们赖以生存和发展的基本生活方式。研究马克思主义实践观，可以发现，马克思非常重视实践的客观决定性作用，他把实践看作人类认识世界、改造世界的前提和基础。可以说，实践原则是

唯物主义的内在要求，坚持客观性必然要坚持实践性。这就为坚持和大力开展实践育人打下了坚实基础。

另一方面，要重视实践的“双向性”，突出大学生实践育人的主体性。实践是联系主体和客体之间的桥梁，是主体作用于客体的双向的对象性活动。马克思曾指出：“动物只是按照它所属的那个种的尺度和需要来建造，而人却懂得按照任何一个种的尺度来进行生产。并且懂得怎样处处都把内在的尺度运用到对象上去。”① 这里“种的尺度”是指客体的规律和本质，“内在的尺度”则体现了主体的需要和目的。由此可见，只有符合客体规律和主体需要的实践才是符合人之本性的实践，才是真正的马克思主义的实践。这对在现实困境中突破实践育人的瓶颈，促进高校实践育人科学化给出了有效指导。

第二节　培养堪当民族复兴重任时代新人的重要举措

一、百年民族复兴大计以实践教育为本

百年大计，教育为本。党的二十大报告明确指出，坚持为党育人、为国育才，全面提高人才自主培养质量，着力造就拔尖创新人才，聚天下英才而用之。在全面建设社会主义现代化国家、全面推进中华民族伟大复兴的新征程上，如何坚持为党育人、为国育才？来自教育领域的党的二十大代表表示，要努力培养担当民族复兴大任的时代新人。而高校实践教育就是为党育人、为国育才的重要举措。

人才是第一资源，国家发展靠人才、民族振兴靠人才。习近平总书记强调：“我们党立志于中华民族千秋伟业，必须培养一代又一代拥护中国共产党领导和我国社会主义制度、立志为中国特色社会主义事业奋斗终身的有用人才。在这个根本问题上，必须旗帜鲜明、毫不含糊。”② 高校实践育人体系的构建，充分体现了为党育人、为国育才的初心使命。在实践过程中，高校实践育人始终坚持知识传授与价值引领“双塑造”，培养担当民族复兴大任的时代新人，这使得高校成为培养社会主义事业建设者和接班人

---

① 中共中央马克思恩格斯列宁斯大林编译局. 马克思恩格斯全集：第 42 卷［M］. 北京：人民出版社，1979：97.

② 习近平. 用新时代中国特色社会主义思想铸魂育人 贯彻党的教育方针落实立德树人根本任务［R/OL］.（2023-07-15）［2019-03-19］. http：//jhsjk. people. cn/article/30982234.

的坚强阵地，为推进社会主义现代化国家建设提供了有力的人才支撑。此外，党的二十大报告指出，从现在起，中国共产党的中心任务就是团结带领全国各族人民全面建成社会主义现代化强国、实现第二个百年奋斗目标，以中国式现代化全面推进中华民族伟大复兴。而我国教育强不强，关键是看能否培养出担当民族复兴大任的时代新人。面向新征程，高等学校将需要持续构建满足国家需求和挖掘个人潜能的杰出人才实践培养体系，以培养大批堪当民族复兴大任的时代新人。

二、实践育人体系建设为民族复兴提供高素质创新人才

高校实践育人体系的建设是坚持为党育人、为国育才的必要手段，它能够为实现中华民族伟大复兴奠定坚实的人才基础。“才者，德之资也；德者，才之帅也。”育人必先立德。坚持为党育人、为国育才，就是要全面贯彻党的教育方针，落实立德树人根本任务，办好人民满意的教育。近些年来，各大高校通过“滴灌”式思政育人模式和“一站式”学生社区综合管理等实践创新，显著提升了人才培养质量，毕业生综合实力得到有效提升，有力支撑了我国社会经济的发展。

“高校立身之本在于立德树人，只有培养出一流人才的高校才能成为世界一流大学。”党的二十大代表、华中科技大学党委书记提出上述建议。为此，高校构建起思想政治教育体系、科学知识教育体系、创新创业教育体系、实践能力教育体系与综合素质教育体系相结合的“五位一体”立德树人体系，有力落实了立德树人的根本目标。近年来，习近平新时代中国特色社会主义思想铸魂育人成效明显，思政课建设成效显著。

培养造就大批德才兼备的高素质劳动者和拔尖创新人才，关系到国家和民族长远发展大计。如今，传统基础工业转型升级、新兴战略产业迭代、新兴与传统工业循环赋能，面对新一轮科技革命与产业革命，以及高水平科技自立自强的“时代考题”，高校被要求承担起实践育人使命，培养更多能应对未来技术和产业变化的创新人才。对照更好服务国家经济社会发展的需求，高校实践育人还要在硬核科技供给和创新人才供给等方面下功夫，践行为党育人、为国育才的光荣使命，全方位深层次推进卓越工程师培养改革，坚持主动服务国家战略、对接行业产业需求、引领未来发展，充分发挥实践育人的重要作用。

正如习近平总书记所说，“中国教育是能够培养出大师来的”。近年来，很多高校实验室通过主动引才、全力培养、实战育才等举措，为青年科研

人员从科研骨干到领军科技人才、战略科学家打造全成长周期培养计划，人才工作成效显著。以2021年斩获素有超算界诺贝尔奖之称的“戈登·贝尔奖”、获“中国青年五四奖章”集体荣誉的智能超算团队为例，团队成员平均年龄仅有28岁。因此，高校实践育人体系建设要坚定“四个自信”、增强历史主动，想国家之所想、急国家之所急、应国家之所需；面向新征程，在高校教育活动中全面提高人才自主培养质量，走好人才自主培养之路，加快培养国家急需的基础学科拔尖人才，解决复杂工程问题的工程技术人才、技术原创性人才，为将中国建设成为世界重要的人才中心和人才高地提供关键支撑。

三、实践育人体系建设为民族复兴培育爱国人才

青年兴则国兴，青年强则国强。习近平总书记勉励广大青年学生：“爱国，不能停留在口号上，而是要把自己的理想同祖国的前途、把自己的人生同民族的命运紧密联系在一起，扎根人民，奉献国家。”① 加强青年学生爱国主义教育，厚植青年学生爱国主义情怀，是引导青年成长成才的重要方面。《新时代爱国主义教育实施纲要》（以下简称《纲要》）明确提出，“要把青少年作为爱国主义教育的重中之重”。因此，高校要将爱国主义精神教育贯穿实践教育全过程，如此才能引导广大青年学生把爱国情、强国志、报国行自觉融入坚持和发展中国特色社会主义事业、建设社会主义现代化强国之中，从而更好地实现中华民族伟大复兴。

坚持爱党爱国爱社会主义相统一。爱国，是人世间最深层、最持久的情感，是一个人立德之源、立功之本。《纲要》指出：“新中国是中国共产党领导的社会主义国家，祖国的命运与党的命运、社会主义的命运密不可分。”“坚持党的领导、坚持走中国特色社会主义道路是实现国家富强的根本保障和必由之路。”高校实践育人有助于加强青年学生爱国主义教育，推动青年学生在价值观上坚持爱党爱国爱社会主义相统一，更好地引导广大青年学生建构完整的价值观体系，正确认识中国共产党领导是中国特色社会主义最本质的特征，是中国特色社会主义制度的最大优势，坚持和完善党的领导是党和国家的根本所在、命脉所在，是实现中华民族伟大复兴的根本保证，进而激发广大青年学生的爱党爱国爱社会主义热情。

作为培养堪当民族复兴重任、拥有爱国情怀人才的重要举措，高校实

---

① 习近平．习近平在北京大学师生座谈会上的讲话［R/OL］．（2023-06-17）［2018-06-03］．http：//jhsjk．people．cn/article/29961631．

践育人要如何充分发挥价值，建构更有力的培育模式？本书提出以下两种路径：

首先，充分发挥课堂教学的主渠道作用。如何让爱国主义精神进课堂、进教材、进头脑，是高校需要解决好的重大课题。思政课是爱国主义教育的主阵地。要落实好习近平总书记在学校思想政治理论课教师座谈会上的重要讲话精神，紧紧抓住青少年阶段的“拔节孕穗期”，理直气壮开好思政课，推动思政课改革创新。适应青年学生的群体特征，不断创新思政课授课方法，让思政课既有思想性、理论性，又有亲和力、针对性。将爱国主义教育与哲学社会科学相关专业课程有机结合，加大教材和课堂中爱国主义教育内容的比重，深入挖掘各门课程所蕴含的爱国主义教育元素、所承载的爱国主义教育功能。高校爱国主义教育相关课程要做好顶层设计，以历史视野、国际视野规划爱国主义教育内容，让广大青年学生了解中华民族历史、传承中华文化基因，不断增强民族自豪感和文化自信心。通过国情教育、形势政策教育、“四史”学习教育、国防教育等，形成爱国主义教育的课堂教学合力，引导广大青年学生不断坚定道路自信、理论自信、制度自信、文化自信。

其次，充分发挥高校教师的引导作用。教育大计，教师为本。习近平总书记指出：“广大教师要始终同党和人民站在一起，自觉做中国特色社会主义的坚定信仰者和忠实实践者，忠诚于党和人民的教育事业，自觉把党的教育方针贯彻到教学管理工作全过程，严肃认真对待自己的职责。”① 将爱国主义精神贯穿于大学教育全过程，需要抓好高校教师群体，让他们成为信仰坚定、学识渊博、理论功底深厚的传道授业解惑者，在学生心里埋下真善美的种子，引导学生扣好人生第一粒扣子。在教师中弘扬爱国奋斗精神，深入开展“弘扬爱国奋斗精神、建功立业新时代”等活动，引导教师立足本职、拼搏奋斗、创新创造。制定科学的教师评价标准，加强师德师风建设，坚持教书和育人相统一，坚持言传和身教相统一，坚持潜心问道和关注社会相统一，坚持学术自由和学术规范相统一，引导广大教师以德立身、以德立学、以德施教，全心全意做引导学生锤炼品格、学习知识、创新思维、奉献祖国的引路人。教师要把对学生进行爱国主义教育作为自己的重要任务，丰富和优化课程资源，增强课程对学生的吸引力、感染力。教师还要利用好同学生联系密切的独特优势，通过言传身教感染学生、启

① 习近平．做党和人民满意的好老师——同北京师范大学师生代表座谈时的讲话［R/OL］．(2023-06-20)［2014-09-10］．http：//jhsjk．people．cn/rticle/25629946．

发学生，激励青年学生用中国梦激扬青春梦。

2018年9月10日，习近平总书记在全国教育大会上发表重要讲话，从民族复兴的战略高度，系统总结了我国教育事业的成就与经验，深刻阐明了“培养什么人、怎样培养人、为谁培养人”这一教育的根本问题，指明了新时代中国教育发展的方向，对加快推进教育现代化、建设教育强国、培养时代新人、建设高水平的教师队伍、办好人民满意的教育等方面作出了全面部署。作为一名教育工作者，我为之振奋，为之欢呼。在以习近平同志为核心的党中央坚强领导下，中国教育必将迎来又一个大发展的美好时代。

随着中国综合国力的不断提升，中国社会的主要矛盾已经转化为人民日益增长的美好生活需要和不平衡不充分的发展之间的矛盾，这表明中国的发展已经从“数量增长”转变为“质量提升”，从“规模扩张”转变为“内涵发展”，在这样的背景下，加快提升高校教育实践现代化发展水平，培养担当民族复兴大任的时代新人就成为新时代中国发展的题中应有之义，这是实现中华民族伟大复兴的中国梦的重要组成部分，更是践行习近平新时代中国特色社会主义思想的重要一环。纵观中华上下五千年，教育的发展与国家实力共促共进、辅车相依。一方面，强盛的国力能为教育发展提供基本条件；另一方面，教育的进步也促进和引领了国家的发展，正所谓“城里人家半读书，学校未尝虚里巷”。中国自古以来就非常重视教育，正因如此，古代中国才创造了灿烂的历史文化。

进入新时代，全面建成小康社会，实现中华民族的伟大复兴，实现“两个一百年”奋斗目标，实现伟大的“中国梦”，是现在和未来最强烈的时代呼唤和最重要的历史使命。因此，高校实践教育也应当乘势而为，积极响应以习近平同志为核心的党中央的号召，加快教育现代化的步伐，努力培养担当民族复兴大任的时代新人，为中国特色社会主义事业培育优秀建设者和可靠接班人，为中华民族的伟大复兴提供不竭的人才保障。

第三节　全面落实共同富裕方针的必然要求

一、落实共同富裕方针中实践教育发挥重要作用

（一）高校实践教育在推动共同富裕的质量和效率上具有重要作用

从共同富裕的内涵看，共同富裕的基础和保障是高度发达的生产力和高质量发展的经济，由此创造出充足的物质财富。实践教育本质上是实现

劳动力再生产的手段，是一种生产力的再生产过程。人力资本理论认为，高校实践教育体系促进了人力资本的开发和形成，为经济社会发展提供了源源不断的人力支撑。教育的首要目标是培养人，人接受的教育越多、知识面越广、技能本领越高，所获得的经济收益就会越大。特别是在社会发展日新月异的今天，科学技术成为推动经济发展的第一生产力，创新创造成为财富积累的驱动力，而人们对于科学的研究、对于技术的掌握、对于创新创造的实现，都离不开高校实践教育的支持。

（二）实践教育在推动共同富裕的平衡和公平上具有重要作用

从共同富裕的范围来看，共同富裕不是少数人的富裕，而是涵盖全体人民的共同富裕。在推动共同富裕的道路上，要想实现“共富”的主题，必须解决发展不平衡的问题，推动实现社会公平。高校实践教育在推动社会公平上具有不可替代的作用，这是由教育的内在特性决定的。教育是人类特有的传承文化的能动性活动。无论贫贱贤愚，人们都有接受教育的权利，在教育面前所有人都是平等的。我们国家有最公平、最公正、最公开的高考制度，人人都有机会通过教育实现社会阶层的纵向流动。同时，高校实践教育包含课堂、社会、网络等多种培育模式，可以转变大学生的思想观念，使他们树立信心、增强志气；可以让低收入者增长知识、提高技能、增加收入；能够让中高收入者增强社会责任感，以捐赠和资助的方式让社会资源和财富流动更加均衡。实践证明，阻断贫困代际传递、打破阶层固化、实行第三次分配都离不开教育。

（三）实践教育在推动共同富裕的持续和发展上具有重要作用

从共同富裕的发展阶段看，共同富裕不是全体人员的“齐步走”，也不是人民群众均质化的“一样富”，而是一个循序渐进的过程，具有长期性、艰巨性、复杂性。在这期间，人的全面发展、共同发展是共同富裕的基础，没有每个人的全面发展和全体人民的共同发展，就难以实现共同富裕。全面发展不仅仅是个人知识技能的发展和财富的增长，更是道德、精神的发展。教育在提升个体乃至社会群体道德水平方面具有基础性作用。教育的根本任务是立德树人，为社会主义培养合格的建设者和接班人。一个人、一个国家、一个民族只有不断地接受更高水平的教育，才能在文明发展的道路上美美与共，在共同富裕的道路上越走越宽。总而言之，社会进步需要高校实践教育体系的支持，高校教育水平的提升将为实现共同富裕提供巨大发展空间和持续动力。

二、人民精神生活的全面富裕要求教育实现公平化发展

经过改革开放40余年的发展，我国已经全面建成小康社会，开启了全面建设中国式现代化国家新征程。在新发展阶段，资源总量不足的矛盾有所缓解，发展不平衡不充分的问题则是突出的制约因素。习近平总书记指出："必须坚持发展为了人民、发展依靠人民、发展成果由人民共享，作出更有效的制度安排，使全体人民在共建共享发展中有更多获得感，增强发展动力，增进人民团结，朝着共同富裕方向稳步前进。"① 这对新阶段高校教育的发展提出了更高要求。

在高校教育体系中，民办教育是重要组成部分，但其市场化运作模式对教育公平产生了一定的负面影响。高等教育是一项重要的民生工程，不断增加高等教育入学机会、公平地分配高等教育资源是改善民生的重要内容。高等教育是一种准公共产品，既有私人产品属性，又有公共产品属性，完全通过市场机制来配置资源会产生不利影响。民办高校颁发的学位证书本质上是国家公权力对学位持有人的学术能力和综合实力的认证，这种加注在民办高等教育学历上的国家信用具有一定的公共产品属性，不能完全等同于付费交易的私人商品。民办高等教育如果完全市场化运营，无限制地提高学费，扩大规模，必然背离公共产品的基本性质，影响高等教育公平和质量。此外，民办高等教育发展过程中产生的营利性问题影响了民办高校师生获得与公办高校师生同等的合法权益，这也是民办高校自身遭受不公平待遇的重要原因。

此外，经济新常态下国家发展和产业结构升级迫切需要大批具有大国工匠精神、适应市场需求的应用技能型创新人才。一方面，部分高校在规模快速扩大的同时，人才培养模式、专业特色建设、师资结构优化等面临较大压力，整体办学水平不高，培养出来的人才与社会需求脱节，造成人才产能相对过剩。另一方面，部分高校规模扩大和内涵建设投入不同步，导致办学同质化问题较为严重。一些高校的教育优势，如民办高校是通过市场机制来实现高等教育多元化发展，丰富高等教育的形式、数量和种类的，其以个性化的办学定位和特色优势满足不同学生和市场的多样化需求。然而，当前有些民办高校对学科专业内涵建设投入相对不足，整体办学模式向公办高校靠拢，办学特色不明显，专业设置主要集中在办学成本较低

① 习近平．全党必须完整、准确、全面贯彻新发展理念［J］．求是，2022（16）：1.

的专业，人才培养模式过于僵化，还未形成差异化、特色化的应用型人才培养的教育质量观。这显然不利于我国共同富裕从部分到整体的逐步富裕路径的实施，因此，当下要不断地去完善高校的育人体系建设。

促进共同富裕，就是要为人民提高受教育程度和发展能力创造更加普惠公平的条件。高等教育通过为所有的人提供公平的受教育机会，培养知识技能型劳动者，缩小社会成员的收入差距，是阻断代际贫困、提高中低收入人群生存发展能力、推进共同富裕的重要手段。高校实践教育要坚持共同富裕发展方向，坚持以人民为中心，主动回应社会对高校教育资源公平分配的合理期待，更加重视教育的公益性质，以非营利性的制度建设为突破口，将更多资源投入学校内涵建设中，为人才培养创造更加普惠公平的条件，提升学生的人力资本水平和他们投身社会就业创业的能力，助力公平基础上的共同富裕。

三、优化供给结构、培养高素质劳动者是共同富裕阶段高校实践教育高质量发展的核心命题

在高质量发展中促进共同富裕是扎实推进共同富裕的重大战略部署。党的十九届五中全会提出了“十四五”时期建设高质量教育体系的战略任务，高等教育如何实现高质量发展是当前的主要问题。我们认为当前部分高校实践教育的主要矛盾本质上是一种结构性供给不足的矛盾，即人才需求与供给质量的失衡。因此，高校实践教育要做好供给侧结构性改革，促使供给质量与需求相匹配，要进一步提升供给质量与产业发展的关联度，从学科专业结构与产业发展的契合度出发，对现有专业进行宏观调整，推动产业结构优化升级，助力我国产业从中低端价值链向中高端价值链转移；同时，高校实践教育要密切关注供给质量与地区发展的关系，发挥高校在实践教育方面的协调性集聚效应，建立动态专业调整机制，增强与地方经济建设和社会发展的关联性、协调性，形成相应的特色学科专业群，促进区域产业均衡发展。

培养大批高素质劳动者，通过人力资本增值扩大中等收入群体规模是实现共同富裕的重要途径，也是高校实践教育高质量发展的落脚点和最终标准。社会主义现代化需要的人才既包括研究基础理论和技术的科学人才，也包括工匠型的高素质劳动者和技术工人。高素质劳动者是具有专业知识、应用能力和科学素养的新型复合型人才，高校实践教育应把握产业发展对人才培养质量的新需求，坚持校企合作与产教融合，建立一支素质过硬、

结构优良的双师型师资队伍，完善以应用为基础的课程体系和实践教学体系，加强对教学条件与实习实践场所的保障能力，提升专业课程质量，完善过程性评价体系和教学质量保障体系，建立特色鲜明的人才培养体系。在培养中要实现专业教育与人文素养、创新精神的相互渗透，重塑知识结构、技能结构与素质结构，确保学生具备扎实的职业基础知识、娴熟的实践操作能力和科学的职业创新素养，使之成为能够主动适应经济社会发展变化的高素质劳动者。

第三章　共同富裕视域下实践育人体系建构的现实可能性

第一节　实践育人发展过程中的体系支撑

一、高校实践育人具备长时间的政策演进

（一）高校实践教学的政策演进

实践教学是高校教学的重要组成部分，也是实践育人理念在高校人才培养领域的具体应用，它对提高学生的综合素质，培养学生的创新意识和创新能力都具有不可替代的作用，同时也是推动高校人才培养模式变革的关键所在。围绕"高等教育领域中理论教学与实践教学的关系"这一命题，国内高校无论在理论认识层面还是在实际操作层面都存在一个不断探索、逐步深入的过程。

1. 高校实践教学的探索阶段

在新中国高等教育发展的早期，在校大学生通过直接参与生产过程，将所学专业知识与生产实践相结合，这种生产实习也成为当时最主要的实践教学形式。1950 年，政务院《关于实施高等学校课程改革的决定》就提出要有计划地组织学生的实习和参观，并将这种实习和参观，作为教学的重要内容。同年，"教育部成立了直属高等学校学生生产实习指导委员会，颁布了《学生实习指导委员会暂行组织规程》。1953 年中央生产实习指导委员会成立，负责全国高等学校和中等技术学校学生生产实习的组织领导工作。1954 年高教部颁布了《高等学校与中等技术学校学生实习暂行规程》，对实习的方针、任务、要求、原则和具体办法作了详细规定。从 1956 年起，又在部分高校专业中实行固定实习场所，摸索建立了一套比较健全的实习规章制度"①。十年"文化大革命"期间，我国高等教育基本处于全面停滞

① 曹银忠，胡树祥．新中国成立以来大学生社会实践活动的回顾与展望［J］．思想理论教育导刊，2010，(5)：84-88.

状态。“文化大革命”结束后，为恢复和整顿教育教学秩序，教育部在1961年试行的《高校六十条》基础上进行修订，推出了《全国重点高等学校暂行工作条例（试行草案）》，该草案沿袭之前的文件精神，坚持“高等学校必须以教学为主，努力提高教学质量”。该文件重新明确了教学工作与生产劳动、科学研究、社会活动之间的关系，同时还强调了理论教学在高校教育教学工作中的主体地位。这一时期，国内高校也恢复了生产实习的做法，沿袭了新中国成立初期高校的实践教学方式。1980年5月，教育部发布了《关于部属高等学校生产实习问题的通知》，其明确“生产实习是使学生获得生产技术和管理知识、巩固所学理论，增长独立工作能力的重要环节”；要求“各校自行与有关厂矿、企业联系，协商解决。……尽可能就地、就近解决”。①

1987年9月，国家教委又发布了《关于改进和加强高等学校生产实习和社会实践工作的报告》，要求高等学校和接受实习的单位紧密配合，建设好实习基地，探索搞好实习的新途径、新办法，努力提高实习质量。该文件不仅是对1980年教育部颁布的《关于部属高等学校生产实习问题的通知》的完善和细化，而且首次提出了建设实习基地的主张。

从新中国成立到恢复高考，再到20世纪末，我国高校的实践教学一直处于曲折探索的过程中。一方面，党和政府积极推动在校大学生参加生产实习，在高校实践教学领域作出了有益的探索和尝试；另一方面，党和政府纠正了曾经出现的片面强调生产实践、以干代学的做法，恢复了高等教育的正常秩序。然而在这一阶段，国内高校实践教学的形式过于单一，相关政策的价值导向仍然坚持高等教育应以理论教学为主、实践教学为辅，仅将实践教学作为理论教学中的一个环节、一个补充。

2. 高校实践教学的转型发展阶段

世纪之交，随着我国高等教育实践的不断深入，党和政府对高校人才培养目标和培养质量的认识也日益深刻，如1998年通过的《中华人民共和国高等教育法》就明确规定：“高等教育的任务是培养具有创新精神和实践能力的高级专门人才，发展科学技术文化，促进社会主义现代化建设。”党和政府也开始对我国高等教育工作进行重新审视，吹响了教育改革的号角。在此背景下，实践教学也随之进入一个新的发展阶段，开始往理论教学与

① 国家教育委员会师范教育司. 师范教育文件选编（1980—1987）[M]. 长春：东北师范大学出版社，1989：96.

实践教学一体化方向转型。①

1998 年，教育部在颁发的《关于深化教学改革，培养适应 21 世纪需要的高质量人才的意见》中要求“树立理论联系实际，强化实践教学的思想”，同时提出改革教学方法与手段，“重视综合性实践教学环节，更加密切教学与科学研究、生产实践的联系”，以加强对学生学习能力和创新能力的培养。这是对实践教学重要性认识的又一次深化。2001 年，教育部在颁发的《关于加强高等学校本科教学工作提高教学质量的若干意见》中明确指出高校要“进一步加强实践教学，注重学生创新精神和实践能力的培养”。2005 年，教育部颁发《关于进一步加强高等学校本科教学工作的若干意见》，再一次强调“要加强产学研合作教育，充分利用国内外资源，不断拓展校际之间、校企之间、高校与科研院所之间的合作，加强各种形式的实践教学基地和实验室建设”。

上述两个意见都突破了以往的理论教学与实践教学二元对立思维，认识到了实践教学对于培养学生的创新精神和实践能力的重要作用，逐渐将理论教学与实践教学融入高校人才培养的一体化过程中，实现了实践教学的新突破。2007 年，《教育部关于进一步深化本科教学改革全面提高教学质量的若干意见》中提出：“高度重视实践环节，提高学生实践能力。要大力加强实验、实习、实践和毕业设计（论文）等实践教学环节，特别要加强专业实习和毕业实习等重要环节。”文件明确了实践教学在高校教学环节中的重要地位和四个关键环节，并且强调着力推进教育教学与生产劳动、社会实践的紧密结合。2011 年，根据《教育部　财政部关于“十二五”期间实施“高等学校本科教学质量与教学改革工程”的意见》的安排，我国决定建设国家大学生校外实践教育基地，并且由参与共建的高校和企事业单位共同制定校外实践教育的教学目标、培养方案、课程体系、教学内容。该举措着重拓展高校实践教学的基础资源，持续、有力地促进了实践教学的落实与深入。

2012 年，教育部、中宣部、财政部、文化部、总参谋部、总政治部和共青团中央联合印发《教育部等部门关于进一步加强高校实践育人工作的若干意见》。该文件作为实践育人领域的全面的、系统性的指导文件，强调“强化实践教学环节”“深化实践教学方法改革”，力求实践教学工作取得新

---

① 李瑾，陈敏．30 年来中国工程教育模式改革政策分析：基于社会政策的四维视角［J］．高等工程教育研究，2013，(5)：41-46.

突破，同时要求各高校进一步深化实践教学方法改革。该文件的颁布，标志着实践教学作为高校实践育人体系的重要组成部分已经成为全社会的共识，实践教学也得以更好地融入高校人才培养体系。总体而言，在中央和各级教育主管部门的重视下，当前我国高校实践教学工作取得了极大的发展，实践教学已经成为高校本科教学工作水平评估的关键指标之一，各项实践教学改革也在积极开展。然而，对照我国社会主义现代化建设的进程和我国创新型人才培养的目标可以发现，我们的高等教育在实践教学领域还存在相当的发展空间，需要党和政府继续在实践教学理论、实践教学体系、实践教学资源等方面予以引导和支持，高校实践教学改革也将是一个不断突破、不断深化、不断完善的过程。

（二）大学生社会实践的政策演进

作为一种历史悠久的实践育人类型，自新中国成立以来，大学生社会实践经历了70余年的发展，目前已成为大学生思想政治教育的重要环节和高等教育的重要组成部分，对促进大学生了解国情、增长才干、培养品格、奉献社会具有不可替代的作用。党和政府也非常关注大学生社会实践活动的发展与深化，积极引导大学生社会实践与我国人才培养相结合，与高等教育发展相促进，与经济社会建设相统一。

1. 大学生社会实践的探索阶段

新中国成立后，我国高等教育始终坚持学校教育与生产劳动相结合、知识分子与工农相结合的重要方针。1950年，教育部在《关于高等学校政治课教学方针、组织和方法的几项原则》中，将社会实践活动作为大学生思想政治教育的重要形式纳入教学计划；1958年9月中共中央、国务院发出的《关于教育工作的指示》中明确教育必须为无产阶级政治服务，必须同生产劳动相结合，把培养“有社会主义觉悟的有文化的劳动者”作为党的教育方针和我国的教育目的，并规定高等学校必须把生产劳动列入教学计划，组织学生参与生产劳动，“在一切学校中，必须把生产劳动列为正式课程”。

在党和政府的政策导向下，当时的青年学生积极投身学工、学农、学军的社会实践活动，加深了与工农群众的感情，提升了思想政治素质，提高了业务工作能力。但在接下来的十多年间，受“左”的思潮的影响，有些方面片面强调社会实践，致使在大学生实践过程中安排劳动过多，影响了正常教育教学秩序。体现较为极端的是在“文化大革命”期间，片面强调劳动实践，造成“以干代学”，冲击了理论教学，违背了教育规律。

2. 大学生社会实践的复苏阶段

“文化大革命”以后，我国社会各方面得到全面整顿，教育工作也开始走上正轨。1978 年，邓小平在全国教育工作会议上指出：“各级各类学校对学生参加什么样的劳动，怎样下厂下乡、花多少时间，怎样同教学密切结合，都要有恰当的安排。”此后，教育部重申了大学生参加生产劳动的规定。

1982 年 2 月，北京大学 150 余名家在农村的大学生受国家农委的委托，在寒假期间就农村实行家庭联产承包责任制以来各方面的情况进行调查研究，取得了重要成果，这就是有名的“百村调查”。大学生在社会实践过程中亲身感受了改革开放带来的广泛影响，对国情也有了初步认识。大学生社会实践活动就在改革开放这个大背景下再次兴起。1983 年 10 月，共青团中央、全国学联发出《关于纪念“一二·九”运动四十八周年，开展“社会实践活动周”活动的联合通知》，首次明确提出“大学生社会实践活动”的概念，充分阐述了开展社会实践活动的重要意义，标志着高校社会实践活动开始逐步向正规化方向迈进。1984 年 5 月，我国首次“大学生社会实践现场观摩经验交流会”在辽宁召开，时任共青团中央书记处书记的胡锦涛同志提出大学生要在社会实践中“受教育、长才干、做贡献”，这一原则被确立为大学生社会实践的指导方针。随后大学生社会实践开始有组织、大规模地开展，取得了良好效果。大学生社会实践活动也由自发举办发展到有组织地进行，由局部向全国范围推广。1986 年，中共中央、国务院批转《国家教委关于加强高等学校思想政治工作的决定》，提出要把加强思想政治教育与引导学生参与社会实践结合起来。此后，中宣部、国家教委、团中央联合发文，对高校学生参加社会实践活动提出了明确要求，将社会实践作为高校重要的实践教育环节纳入教学计划。大学生社会实践活动也成为有中国特色的高等教育的重要组成部分。

3. 大学生社会实践活动的深入开展阶段

随着大学生社会实践活动的逐步开展，党和政府对社会实践活动的认识也日益加深。1987 年 5 月，《中共中央关于改进和加强高等学校思想政治工作的决定》强调，“青年学生只有在学习科学文化知识的同时积极参加社会实践，更多地了解国情、了解社会主义建设和改革的实际，了解人民群众的思想感情，才能树立起为社会主义祖国而献身的信念，逐步锻炼成为有用人才”。1987 年 6 月，国家教委、团中央联合发出的《关于广泛组织高等学校学生参加社会实践活动的意见》在指导思想上明确指出：“组织高校学生参加社会实践活动的目的，是让学生接触社会，了解实际，向工农学习，向实践学习，并在力所能及的范围内运用自己所学的知识为社会服务。”这是大学生社会实践活动发展历程中具有重要纪念意义的文件，它对大学生参与社会实践活动的目的、形式、组织和领导等问题进行了全面部署，开启了大学生社会实践活动深入发展的新篇章。

1990 年 12 月，共青团中央、中宣部、国家教委联合发布《关于深入持久开展大学生社会实践活动的几点意见》，明确指出大学生社会实践活动要“为改革开放和现代化建设的大局服务，为青年学生健康成长服务，为地方经济建设和社会发展的实际需要服务”，并将大学生社会实践的定位由高等教育的重要环节提升为社会主义高等教育的重要组成部分。1993 年 12 月，共青团十三届二中全会通过《在建立社会主义市场经济体制进程中我国青年工作战略发展规划》，提出实施“跨世纪青年文明工程”和“跨世纪青年人才工程”。其中作为实施两个重点工程的“青年志愿者”活动和“大学生科技文化服务”活动，成为当时大学生开展社会实践活动的主要形式，进一步推动了大学生社会实践与社会发展的融合。1999 年 6 月，第三次全国教育工作会议召开，我国开始深化教育改革，全面推进素质教育。会议通过的《中共中央　国务院关于深化教育改革全面推进素质教育的决定》中指出：“要从实际出发，加强和改进对学生的生产劳动和实践教育，使其接触自然，了解社会，培养热爱劳动的习惯和艰苦奋斗的精神。”“高等学校要加强社会实践，组织学生参加科学研究、技术开发和推广活动以及社会服务活动。”这一阶段，党和政府对大学生社会实践活动的认识日趋成熟，各级党委、政府及相关行政部门均被纳入社会实践的组织体系，大学生社会实践活动组织力量大大加强，实践活动的形式更加多样，内容也更为丰富，大学生社会实践也在这一时期开始走向制度化、规范化。

4. 大学生社会实践的开拓创新阶段

在共同富裕战略下，党和政府开始从人才培养和国家建设的全局来认识大学生社会实践活动，着力于建立大学生社会实践活动的长效机制，以进一步实现大学生社会实践活动的规范化和制度化。2004 年 10 月，中共中央、国务院颁布了 16 号文件《关于进一步加强和改进大学生思想政治教育的意见》，对新形势、新时期大学生社会实践活动的作用、形式、体制和机制等方面作了详尽的部署。该文件的颁布标志着大学生社会实践活动在组织领导上得到了进一步加强，在内容形式上更加丰富和全面，在层次水平上有了进一步的提高。大学生社会实践活动迎来了开拓创新的新时期。2005年2月，中宣部、中央文明办、教育部、共青团中央下发了《关于进一步加强和改进大学生社会实践的意见》，要求：充分认识加强和改进大学生社会实践的重要意义；进一步明确大学生社会实践的总体要求和工作原则；把大学生社会实践纳入教学计划，不断丰富社会实践的内容；全面深入开展“三下乡”和“四进社区”活动；探索建立大学生社会实践的长效机制；切实加强对大学生社会实践的领导。2010年7月，在全国教育工作会议上，胡锦涛同志指出：要促进学生全面发展，优化知识结构，丰富社会实践，加强劳动教育，着力提高学习能力、创新能力，提高综合素质。2012年1月，教育部、中宣部、财政部、文化部、共青团中央等七部委联合下发了《关于进一步加强高校实践育人工作的若干意见》，文件强调了社会实践活动作为当前实践育人的一种主要形式，需要系统深入的开展，并指出“各高校要把组织开展社会实践活动与组织课堂教学摆在同等重要的位置，与专业学习、就业创业等结合起来，制订学生参加社会实践活动的年度计划”。文件对大学生社会实践活动持久深入开展提出了更高的要求。

新中国成立以来，特别是改革开放以来，党和政府始终将大学生社会实践与高校人才培养相结合、与国家经济社会发展相结合，出台了一系列政策文件支持和推动大学生社会实践活动。大学生社会实践活动由此不断开拓创新，得到长足发展，对培养投身社会主义建设的优秀人才具有重要作用。

二、高校实践育人推动了教育和生产劳动的结合

1949年新中国成立时，我国虽然整体上和平解放了，但局部战争还没有完全消除，政治上反动派及美帝国主义不断大肆攻击，再加上当时国民整体文化水平较低，人民群众在思想上容易受到不良思想的影响。出于我国当时的特殊国情的需要，在新中国成立之初，国家教育政策的制定更多的是为了巩固政权和为社会主义改造服务，我国的高校人才培养工作的主要作用也是巩固政权，维护国家稳定。当时的人才培养工作规划了与工农相结合的发展路线，要求青年学生投身于工厂和农村去进行实践锻炼，总体上提出了社会主义办学方向，为高校实践育人的发展奠定了基础。通过思想政治上的教育，广大学生和人民群众清楚地认识到社会主义的优越性，相信中国共产党是真心实意为人民服务的政党，人民群众积极投身到社会主义建设中来。经过社会主义过渡时期，我国的国内环境趋于稳定，在党

的坚强领导下，我国的高等教育事业开始了较大规模的改革，确定了“教劳结合”的教育方式。高校人才培养的目标是努力把学生培养成“又专又红”的实践型人才，确立了理论与实际相统一的教学方针，学校教育更多地面向广大工农出身的学生，引导高校学生参加各种生产劳动型实践活动，树立为工农服务、为人民服务的思想，加深其对社会主义的认识。通过这一阶段的教育改革，我国的政权得到了进一步的巩固，国民的文化素质特别是工农群众的文化素质得到了显著提高。

1956 年，在北京召开了关于知识分子问题的会议，周恩来总理作了《关于知识分子问题的报告》，目的是继续帮助知识分子进行自我改造，并有针对性地提出了三大主要途径：一是经过社会生活的观察和实践，二是经过他们自己的业务的实践，三是经过基本的理论学习。周恩来总理的这次报告在相当程度上为思想政治教育实践活动的开展指明了前进的方向，让我国高校学生和不同领域的专家学者通过理论与实践的学习提高了自己的专业技能和政治觉悟。

新中国成立初期的高校人才培养的有关政策，让更广泛的人民群众可以接受实践活动的教育，而实践活动的开展也很好地针对了当时的国内外环境，不仅提高了高校学生的政治思想觉悟和从事实践活动的专业技能，还为之后的实践育人发展打下了坚实的基础，是社会主义思想政治教育的创举。

三、高校实践育人推动了素质教育和创新教育的突破

（一）素质教育的突破

改革开放初期，我国的高等教育事业在发展中及时总结了以往在人才培养上的经验教训，探索出人才培养既不能片面地强调实践教学而忽视理论教学，也不能过分强调理论教学而轻视实践教学，而是要坚持理论教学和实践教学相统一的教育方针。在这样的背景下，实践育人有了更加明确的发展方向，各高等院校开始合理规划及安排学生进行实践活动的时间和内容，同我国社会经济发展相一致，使我国高校人才培养工作重新走上正轨。

随着改革开放的深入，我国实践育人的发展也迎来了新发展阶段。1985 年 5 月，《中共中央关于教育体制改革的决定》中明确提出教育必须为社会主义建设服务的思想，这一思想后来被写进了“三个面向”。国家这一重要举措为我国高等教育事业的发展奠定了基调，明确了对高校学生的培养更

多的是为了使他们面向社会，符合社会发展的要求，为社会建设作贡献。同时，人才培养不再是为维护无产阶级统治服务，而是上升到为社会主义建设服务的层面。国家在进行教育改革时，辩证地阐述了教育发展、人的发展、社会发展三者之间的关系，为实践育人的发展提供了理论支撑，促进了学生的全面发展，使学生的理论知识和实践能力可以更好地满足社会需求。

1987 年 5 月，为了改进和加强高等学校思想政治工作，使实践育人工作的实施更加明确，国家颁布了《中共中央关于改进和加强高等学校思想政治工作的决定》，强调了学生在参加实践活动时，首先要认清国情、了解社会，从思想情感上要有为国家服务、为人民群众服务的理想信念，这样才能真正在实践活动中得到锻炼，成为建设国家的有用之才。高校将实践育人工作纳入教育计划的重要组成部分，并在社会实践活动的规范性指导下，确保其有方向、有目的地实施。1999 年 6 月，中共中央、国务院联合颁布了《深化教育改革全面推进素质教育的决定》，标志着我国高校实践育人进入了深化发展新阶段。各高校高度重视实践育人工作，通过加强社会实践活动，有效地促进了学生的科学研究、技术竞赛和社会服务等实践活动的发展，增加了城乡交流的机会，真正落实了实践育人的工作方针，为学生架起了理论知识和实践能力之间的桥梁，让学生能学以致用，促进其综合素质全面提升。

（二）创新创业教育的纵深突破

21 世纪以来，我国的高校实践育人步入高速发展时期，在党和国家的指引下，无论是社会、地方高校，还是学生个体都认识到了实践育人的重要性。高校高度重视实践育人工作，将实践育人的阵地更多地从学校转向社会，组织开展了各式各样的实践活动来满足不同学生的不同发展需要。实践育人政策的制定也紧跟时代的步伐，满足社会发展的需要，在强调德智体美劳全面发展的同时，逐渐增加对提高学生创新创业能力和科技素养的关注。实践育人工作取得的良好效果，让我们看到实践育人作为一种有效的教育途径，对提升大学生思想道德综合素质有着独特的优势。

2010 年初，教育部发布了《关于大力推进高等学校创新创业教育和大学生自主创业工作的意见》，要求大力推进大学生创新创业教育工作，进一步规范了高校创新创业指导体系；加强创新创业基地与平台建设，为大学生实习提供物质基础；落实创新创业相关政策，进行科学有效的指导，统筹各部门形成创新创业教育合力。

2015 年，国务院办公厅印发了《国务院办公厅关于深化高等学校创新创业教育改革的实施意见》，进一步深化了高校创新创业的教育改革措施，提出九大任务，极大地促进了大学生创新创业领域的发展。而促进大学生创新创业，对增加实践育人的深度具有重要的意义。通过大学生创新创业教育，课外实践活动由低层次向高层次转变，由低附加值向高附加值转化。同时，大学生创新创业教育提高了大学生的综合素质和职业技术能力，满足了社会发展的需要，为大学生未来的发展增添了更多的可能，增强了大学生步入社会后的就业竞争力与创造力。

大学生创新创业教育，开创了高校实践育人培养的新局面。创新创业教育是对实践育人的内涵、方式、内容、路径、制度和机制等方面全方位的提升，逐渐成为高校人才培养体系中至关重要的组成部分。研究好、开展好大学生创新创业工作，才能促使高校实践育人工作永葆活力。

第二节　新时代高校实践育人面临的新课题

国家的教育政策明确指出，在我国，生产和教育要相结合，在德育受到足够重视的基础上，促进学生全面素质的发展。这为高校开展实践育人工作提供了向导。众多高校针对实践育人开展了多种形式的摸索工作，使得实践育人取得了一定的成效。组织机构的逐步完善，使实践育人队伍和影响也不断扩大，实现了实践活动的制度化、品牌化和规模化。具体体现在以下几方面。

（1）在内容和形式层面：新时代要求大学生德智体美劳全面发展，而过去主要以培养大学生的劳动能力为主；现在的高校实践活动比较多，而传统的生产劳动等实践方式已经相对较少，被文明修身、科技学术和创新创业等新型的实践活动所取代。从实践的各种形式来看，教学上的生产实践发展为专业实践、志愿服务、校外勤工助学、访问、参观、社会调查和军训等多种形式。根据调查，目前高校的实践育人在形式和内容上是各种各样、各具特色的。

（2）组织制度方面：组织形式和原则逐渐提升。从高校的实践育人的历史来看，曾经高校的实践教育是小规模、自发组织及相对分散的组织活动，而目前高校的实践教育是由国家和高校统一协调和安排的教育实践模式。大学生的实践制度在形成初期相对松散，管理制度相对不完善。目前，根据我国相关的规定，各高校制定了实践育人制度和实施细则，如我国高校对大学生参与实践活动的课时和学分有一定的要求，部分高校还要求大学生参与实践教育活动要经过专门的课程培训，以掌握相关知识。

（3）影响贡献方面：大学生的实践活动不仅为大学生各方面素质的提升创造了一个较好的平台，还在价值观念、理想信念及伦理道德等方面深刻地影响着社会，对社会的发展起到积极的作用。例如，在北京大学，有一支以研究生为主体的义务支教团，其发展历程已经有十余年，他们的义务支教活动和事迹得到了时任中共中央总书记、国家主席胡锦涛的高度肯定和赞许。这支支教团队已经在数十个省份义务支教，足迹踏遍祖国需要的地方，不仅为支教地带去各种物质资源，还带去知识、信念等精神资源。其实践育人的行为值得各大高校效仿。同时，大学生实践的规模和覆盖面也大大拓展，从最初几个人，发展到目前成千上万的学生参加，而且随着其精神的传播，大量社会人员和精英分子纷纷加入。总之，高校的实践育人教育经过几十年的发展取得了一定的效果，同时也获得了经验，并为今后的发展奠定了基础。

虽然目前高校实践育人改革已经取得一定的成效，但仍然处于初级阶段，很多层面需要进一步完善，特别是在共同富裕战略指导下，高校实践育人体系的建设面临着新课题。

一、实践育人模式整体上有待完善

（一）实践育人目标不够具体

实践作为一种教育方式，应该发挥其应有的德育功能。但是目前高校实践育人目标不够具体和统一。也就是说，教师和学生还不明确各种实践活动所要达到的目标。另外，各种实践活动由不同部门组织，分阶段目标和总目标之间的协同配合缺失，因此，有些实践活动的收效不够明显。实践教学与实际严重脱节，目的性不强。高校培养的人才往往重理论、轻实践，人才培养与社会实际脱节，特别是在组织活动过程中，有的学生对具体实际似懂非懂，有的学生的团队意识、交际意识、合作意识不强，有的学生无法独立克服社会实践活动中的困难。同时大学生社会实践活动与实际成才需要存在着不匹配的现象，大学生思想和行为与主流价值观要求有一定差距，存在社会适应性技能欠缺等问题。大学生实践教学在动手能力等方面虽然已经有所注意，但是，对社会主义核心价值观的教育缺乏目的性，大学生实践中的创新能力、学习能力、职业能力、团队合作与交流能力及责任感教育亟待加强。

（二）实践育人过程流于形式

大学生的实践育人活动受到教育部门的高度重视，各大高校也组织了实践活动。然而，现在实践育人活动的实际内容较少，或者说，缺乏实际的内容和详尽的计划，“临时抱佛脚”的情况比较普遍，缺少相关的制度、资金等方面的保障，即使申请到足够数额的活动经费也难以保证活动开展有效。例如，在高校中开展军事训练，其目的是让新生掌握军事技能，增强国防观念，同时为迎接大学生活做好生活上的准备和铺垫，而有很多高校缩短了军训的时间，在军训这一必要的实践中安排了很多非军事教育的内容，有的学校甚至将军训的时间安排在暑假，以将时间让给课堂理论教学，往往使军训效果大打折扣。同时，在思想政治理论课程教学中，实践学时要求流于形式，专业课程的实践活动并没有真正开展起来，很多深入实践教学基地、爱国主义教育基地等有意义的教育实践活动并未充分发挥作用，部分学校和导师不重视实践教育，即使开展了，也是为了完成实践任务，没有发挥出实践教育的根本效用。

（三）实践育人考评相对主观

目前，高校的实践育人活动越来越多地受到金钱和精力等因素的约束，因此高校的实践活动无论是从数量上还是从具体内容上看都不容乐观。大多数高校采取在放假期间让学生自己寻求实践地点的方法，然而因为每个学生对实践的认知程度不同，造成了各自实践的效果不同。而高校对于大学生参与实践的考评是以实践报告为证明，这就导致很多学生为了省时省力，凭空捏造出一份实践报告应付了事。因为监督机制尚未完善，所以高校的实践指导教师只能通过实践报告来评定学生的实习和实践效果。这就造成学生的实际实践能力和分数之间存在差距。这种做法无论对于评定学生的思想道德品格或其综合素质都不具备科学性，这些不科学的考评制度会直接或间接地影响大学生参与实践的热情和态度。长此以往，学生自然会排斥实践，认为实践育人仅仅是个形式，其主动性和参与性大幅度降低，最终导致个体长期抵制实践的恶果，高校实践活动也就无法达到实践育人的理想效果。

（四）实践育人环节缺乏统一性

大学生的实践育人虽然在各大高校取得一定的成果，但是其发展水平不一，没有形成优势互补、资源优化配置及相互交流的模式和局面，也没有形成科学化、系统化的教育体系。目前，我国不少高校的实践育人活动的组织和开展是为了应付文件规定要求完成任务，并没有真正从成才育人的角度来对待，所以，各大高校及实践主体中主动学习相关实践经验的只有少数，大多数高校对实践育人活动和教育工作的开展交流、总结不到位。再加上社会各界对实践育人的重视程度不高，宣传力度小，媒体介入不够，学生个体的认识存在偏差和教师职责不到位，高校与社会实践单位之间未形成良好的实践教育机制、运行体系和合作模式等诸多因素，使得很多实践活动的开展和推行只能是初步摸索，有的高校和教师甚至把它当成不得已而为之的任务，这不仅不利于大学生的全面成长，也不利于高校教育实践改革的深入发展。

二、新发展背景下高校实践育人体系缺乏创新性

透过现象能发现本质，而本质通过现象能表现出来。在共同富裕战略实施背景下，高校的实践育人体系暴露了很多问题，其中，不仅包括思想理论认识的不足和偏差，也包括体系运行机制不全面、资源不足等问题。

（一）高校对实践育人的地位作用缺乏准确理解

“态度强度决定行动强度。”当前的高校实践育人工作存在着很多不足和相当多不确定因素，使得实践育人工作难以顺利进行。

高校开展的实践育人工作在推动和认识上存在不足，部分高校没有完全认识到大学生实践育人的重要性。大学生是社会主义现代化建设的接班人和建设者，伴随经济全球化，各式新兴科技和信息迅速发展，社会对人才的要求也越来越高，新时代的人才首先要有完备的理论知识，其次要具有广阔的视野和扎实的实践技能。我国传统教育理念根深蒂固，部分高校将人才的培养局限于课堂，并没有注重锻炼学生的创新和实践能力，也没有将思想道德素质的提高列为重要的目标。这体现在：在组织课堂教学的时候，对于教师安排、课程设置、资金配比和理论课程的设置等因素都有优先考虑；在学生考核方面，理论课成绩占了大部分学分，实践课成绩所占的学分很少；在硬件方面，学校占地面积越来越大，然而能够提供给大学生实践的场地却十分有限。这是高校在实践育人认识上的不足，是问题的根源，因此高校的实践育人工作，无论是从决策上还是从组织工作上，都需要深刻领会教育改革精神，充分认识到实践的重要性。

毛泽东说：“社会和大自然是一个大学校，那里面的东西多得很，学之不尽，取之不竭。”高校教育涉及的范围大，影响广，需要社会各个层面的支持，为高校实践育人提供平台和资源。然而，目前社会上很多人认为大学生的实践流于形式，认为实践是浪费资源、浪费时间的事情，所以也不

支持大学生搞课外实践。例如，高校联系企业为大学生提供实践机会，企业认为大学生实践不仅不能为企业带来效益，而且浪费岗位、浪费时间，还有可能耽误生产，所以不愿提供实践岗位。但是不给学生实践机会，不仅不利于大学生的成才和成长，也不利于企业和社会的发展。

（二）高校实践育人的内容和形式缺乏创新

大学生社会实践活动形式单一，缺乏创新。目前大学的实践育人活动多局限于社会实践活动，如社会调查、社会参观等，学生利用寒暑假进行社会调查，撰写了调查报告就算完成了任务，绝大部分学生没有从中受到教育，报告内容比较空洞。所以，高校可利用更多渠道，如开放实验室，提供“试科研”机会，鼓励支持学生申报科创基金、开展项目设计等，以丰富的实践教学内容和手段，极大地调动学生的实践积极性，增强学生的实践能力，促进他们专业知识的学习和理论联系实践能力的提升。社会实践是理论与实践相结合的重要渠道，所谓的大学生社会实践是在理论学习基础上的实践，课堂教学是大学生获取理论知识的重要途径，两者缺一不可。目前大学生的理论学习与实践活动很多时候是脱节的。

三、高校实践育人的运行机制较为薄弱

“体制因问题而生。”高校实践育人工作的发展已有几十年，但很多高校尚未建立起有效的制约和监督机制，这就是高校实践育人工作中存在问题的原因。

（一）组织机构不健全

组织机构是运行机制中协调各方面关系，调配资源的系统组成部分。系统的组织机构一定要有多级的层级管理、各部门的合作和实效性的支持。目前的高校实践育人工作尚未形成完整的、有效的、综合运转的、系统性的组织机构，学校中各相关部门相互独立，较少沟通。比如，由学校团委负责组织学生的实践活动，但活动资金需要向学校的财务部门申请，然而财务部门的资金配置有自己的原则和方式，因而实践活动的经费很难落实到位，申请的经费和实际所得有很大的差距，导致在学生实践工作开展中，只能减少实践的机会和缩短时间。此外，高层领导组织机构的领导和扶持也不到位，使实践的相关安排和具体实施细节缺乏科学化、系统化的方案，无法将各部门、教师、学生有机统一起来，很难使大学生的实践活动发挥出其应有的作用，致使高校的实践活动流于形式，且目标和内容不统一，没有连续性。

（二）监督机制缺乏

保证一项任务能够顺利完成的至关重要的条件是有相对完善、合理的监督机制，然而部分高校目前在实践育人方面缺乏健全的监管机制，这是实践育人工作流于形式的重要原因。其主要体现为：没有对学生的实践环节和成果进行有效的监督。因为实践的形式多样，范围广泛，学校资源有限，所以缺乏统一的监督。例如，在高校大学生的暑期社会实践中，学校要求学生自己找实习单位，有的学生就自己随意找个单位签字盖章，应付了事，而高校无法通过有效的途径进行有效的监督。

（三）考评机制不够科学

将定量考评和定性考评相结合是一种科学的考评方式。定量考评注重数量，定性考评注重性质，但是两种考评机制都是优点和缺点并存，所以单一的考评制度不可能是完全公正、客观的，一定要建立定性和定量相结合的考评体制。当下，许多高校对实践活动的评价只以实践论文和实践报告为依据，学生更关注的是论文或报告的成绩。这种典型的定量考评方式，不仅不能够检验学生实践活动的质量，还会让学生产生认识偏差，即认为数量为第一性的。例如，对政治理论课程中的实践学时完成效果的考评，没有相对细致的评价和考核标准。实践教育教学是高校育人的一种重要手段，考评制度是否健全、完善关系到实践育人工作的发展，所以，高校需要在探索和实践中不断摸索和完善实践考评机制。

（四）导向激励机制不完善

管理学的研究显示，导向激励机制不完善，非但起不到促进作用，还会影响到主体参与实践的热情及实践效果。但是目前高校的激励机制多针对理论学习，如对教师的教学评价和学生的评优、评奖等，而且教师的职称也是根据其课业水平和研究成果评定的。又因为该机制本身有控制和指导作用，所以教育者和学生过分关注理论学习，忽视了实践的育人作用。事实研究表明，大学生的实践育人工作需要一套完整的实践教育机制和导向激励机制，只有这样才能激发大学生有针对性地、积极地参与实践活动，达到促进个体成长的目的。因此，高校的实践育人工作要想开展好，就必须有一套完整的激励措施，以发挥实践活动的积极作用。

四、高校实践育人体系的保障机制有所欠缺

（一）资金匮乏是制约实践教育活动的重要因素

随着时代的发展，高校对社会人才的培养和塑造需要逐步完善，这需

要大量资金作为保障。首先是课堂教育。现如今的课堂教育已经不仅仅是教师授课这种单一的方式，而是要运用综合的教学手段、高科技媒介和现代化的教学环境，这就需要有充足的教育资金投入教学和管理的过程中。其次，随着教育教学改革逐渐深入，高校针对大学生的实践教育提出许多新的要求，无论是形式还是内容都要有所提升，但是实践育人活动作为一种社会性的活动，消费巨大，尤其是高等教育普及后，高校的大学生众多，实践育人要落实到每一位学生身上，所需要的费用大大增加。这就出现了理论教学和实践教育争抢教育资金的状况。由于以往的高校教育以填鸭式的应试教育方式为主，对实践的重视不足，使得课堂教学成为日常教学中的主干，因此教学费用也向课堂教学倾斜，实践育人所需的资金和受重视程度都难以得到保证，实践育人的效果大打折扣。

（二）实践育人受到阻碍的重要原因之一是指导教师不足

我国高校普遍存在的一个问题就是高校中的师生比例失衡，师资力量不足，很多教师因为教学任务繁忙，无暇顾及实践教育的指导工作。并且，由于实践教学具有特殊性、实践性、复杂性等特点，因此教师必须具备较强的动手能力，才能够为实践教学提供指导。而目前我国高校的教师所从事的生产活动大多局限于高校内部，其研究成果很少转换为生产力，对企业和工厂的实践研发并不是特别熟悉，因此很难对实践教育作出正确的指导。同时，企业中某些经验丰富、素质较高、专业技能较强的职工也因为企业的原因与高校沟通不畅，这是实践教学活动中存在的障碍。此外，即使教师参与实践活动指导，在育人方面的思考及落实的差距还很大。这些使得高校实践育人的教育效果并不理想，取得的实际成果也不多。

实践平台是大学生进行实践活动的重要载体和组成部分，虽然我国高校目前都有自己相对稳定的实践教学基地，有自己的实践平台，社会上也有一定的专供学生实践的教育实践基地，不过，相对于实践教育需求，平台能够提供的机会相对较少。一方面，高校内部所提供的实践平台，因为资金、教师和场地的欠缺，所以活动的举办和开展相对艰难，很多高校的学生社团因为场地的原因而难以开展实践活动。当前大多数的高校里面很难有操作良好且学生积极参与、受众范围广的实践教育平台，往往只是宣传了一段时间后就没有什么声音了。另一方面，校外的实践平台大多是为了满足参观的需要，很少能真正提供给大学生实践教学的机会。所以高校实践育人要更好地发挥自身在共同富裕战略下的育人价值，必须认真思考面对的困难，对这一体系作出进一步的调整。

第三节　共同富裕目标战略为实践育人创造良好社会条件

一、共同富裕为实践育人现代化进程赋予中国特色内涵

共同富裕的目标具有深厚的马克思主义价值与中国特色。共同富裕的要求植根于马克思主义的共产主义理想、人民立场与群众路线中，中国共产党全心全意为人民服务的宗旨与以人民为中心的发展思想奠定了共同富裕的价值基础。共同富裕是社会主义的本质要求。早在1953年12月，中共中央作出的《关于发展农业生产合作社的决议》就明确提出“共同富裕”的要求。改革开放以后，邓小平提出建设小康社会的目标和“让一部分人和一部分地区先富起来，目的是实现共同富裕”的重要论断，既继承了中国传统文化中“天下大同”“小康社会”的理想，又体现了建设社会主义市场经济的根本要求。党的十八大以后，习近平总书记反复强调以人民为中心的发展思想，提出共享发展的理念，明确指出“新时代我国社会主要矛盾是人民日益增长的美好生活需要和不平衡不充分的发展之间的矛盾”，必须不断促进“全体人民共同富裕”。

面向实现中国式现代化的新要求，共同富裕及高校实践教育的作用被赋予更加深刻的中国特色的新内涵。共同富裕是中国式现代化区别于其他现代化的一个核心特征。中国特色社会主义现代化绝不是全盘西化，更不是欧美化，而是中国式现代化。作为一个后发型现代化的社会主义国家，中国社会主义现代化不可能是先发型现代化国家所采取的资源掠夺式开发支撑的现代化，更不可能是老牌发达国家的侵略式、殖民式、掠夺式的帝国主义模式的现代化；而应该是一种依靠教育实践、实现人力资源全面开发支撑下的共享发展的现代化模式，是全体人民共同富裕的中国式现代化，具有新时代中国特色与中国文化底蕴的一整套政策与制度体系。

现代化的核心是人的现代化。高校实践育人现代化是中国式现代化的基础性条件，必须以共同富裕作为核心，发挥教育在人力资源开发方面不可替代的独特作用，努力推动实现勤劳创新致富、人人参与的发展环境和全体人民共同享有的合理分配格局。在教育现代化指标体系的厘定中，借鉴发达国家的现代化指标、推动教育发展达到世界先进水平是基本要求。更重要的是，现代化要具有中国特色。中国式教育现代化作为推动实现中国式现代化的基础性、战略性条件，能否促进共同富裕是根本性指标。

二、共同富裕理念为高校实践育人提供了系统基础的教育内容

共同富裕蕴含着中国革命和中国社会主义的发展史，指明了党领导全体人民在下一阶段的前进方向，共同富裕理念为高校实践育人中的思想政治教育（包括思想政治课）提供了系统的内容，其所蕴含的深刻的思想政治教育精神元素、理论元素和实践探索方法，将更有利于实践育人取得显著成果。

（一）共同富裕为实践育人提供丰富的理想信念教育内容

“我们党团结带领人民进行革命、建设、改革，根本目的就是为了让人民过上好日子”①，从建党到中国新民主主义革命和社会主义革命，再到社会主义建设和改革，我们党始终不渝地坚持的“初心”和“使命”就是让人民过上好日子——共同富裕。

中国共产党的“初心”和“使命”就是为中国人民谋幸福，为中华民族谋复兴。“我们党团结带领人民进行革命、建设、改革，根本目的就是为了让人民过上好日子，无论面临多大挑战和压力，无论付出多大牺牲和代价，这一点都始终不渝、毫不动摇。”② 建党初期，中国共产党就提出了推翻资产阶级统治和资本主义制度，实行无产阶级专政、建立社会主义制度，消除阻碍共同富裕实现的根本源头的目标。社会主义革命时期，通过所有权制度、分配制度等各项改革，为实现共同富裕奠定了必要的制度基础。改革开放后，确立了社会主义现代化建设的“三步走”战略，解放生产力、先富带动后富形成了共同富裕的物质基础。党的十八大以来，以习近平同志为核心的党中央引领人民脱贫攻坚，开启了向着更高目标进发的新征程。2021 年，习近平同志在全国脱贫攻坚总结表彰大会上发表重要讲话并庄严宣告：我国脱贫攻坚战取得了全面胜利。这一胜利的取得，彰显了中国共产党牢记初心使命并发挥独特优势构建了中华民族发展史上的永恒丰碑。脱贫攻坚的全面胜利是实现共同富裕的重要基础。下一阶段的使命是根据党中央提出的“两个一百年”的奋斗目标，着手解决发展不平衡不充分的问题，缩小发展差距，实现人的全面发展和人民的共同富裕。

共同富裕是社会主义的本质，实现人民共同富裕是社会主义的根本目的。实际上，共同富裕也可以说是社会主义的理想目标（至少是社会主义理想目标的根本内涵），宽泛地说也是共产主义的理想目标（共产主义是更

---

① 习近平. 坚持人民至上［J］. 求是，2022，（20）：1-2.

② 习近平. 坚持人民至上［J］. 求是，2022，（20）：1-2.

高级的共同富裕），因此，共同富裕理念是对大学生进行社会主义、共产主义理想信念教育的重要资源。共同富裕指向人民更美好生活的实现，也是社会主义现代化国家建设的基本目标。科学认识共同富裕，有助于大学生正确认知社会发展和党领导人民开展建设、改革的光辉历程，坚定对中华民族伟大复兴的信心与决心。基于当下国情而提出的共同富裕理念以及新时代中国特色社会主义的伟大成就，为大学生正确应对当前发展不均衡、不充分的问题与挑战提供了强劲思想支撑。共同富裕还为大学生树立正确的理想信念提供了实践导向，引导大学生正确把握国家和社会发展的基本路线，将个人理想和共同理想相结合，从而树立正确的价值观与奋斗目标，不断接受磨炼而成长，成为扎实推动共同富裕的中坚力量。

（二）共同富裕理念蕴含着丰富的马克思主义思想政治教育内容

共同富裕理念蕴含着丰富的马克思主义思想政治教育内容，是马克思主义中国化理论在新时代的新发展。大学生思想政治课经典教材对此作了精彩阐述：《中国特色社会主义理论概论》着重阐述了邓小平同志提出的社会主义根本任务、要求和目的，就是解放、发展生产力，消除两极分化，最终达到共同富裕；《思想道德修养与法律基础》指出，中国特色社会主义进入新时代，就是全国各族人民团结奋斗、不断创造美好生活、逐步实现全体人民共同富裕的时代；《马克思主义基本原理》则指明了逐步消灭剥削和消除两极分化，实现共同富裕和社会全面进步，并最终向共产主义社会过渡的路径；《中国近现代史纲要》通过讲述近现代史实指出，中华民族始终面临的历史任务之一就是实现国家繁荣富强和人民共同富裕。

（三）共同富裕理念蕴含着多元的共享发展理念

共同富裕理念包含物质丰富、精神富有、生态优美、公共服务均等和社会治理有效等多个方面，是对党的十九大提出的共享发展理念的继承与创新，并形成了多元化的目标指向。共享发展理念将经济、政治、文化、社会、生态文明等领域中人民应享有的权利置于整体谋划之中，共同富裕理念则更明确了下一阶段谋划落实的具体目标。共同富裕理念包含了推进经济的高质量持续发展的要求和达到物质富裕的标准，并且在共享发展理念下提出：以发展惠及所有人，追求公平公正机制建设，进一步改善民生和提升福祉等多个落脚点。因此，共同富裕不仅体现了人民群众迫切需要发展与共享的要求，也更清晰地呈现了共享发展理念中“什么是共享”和“如何共享”的问题。

（四）共同富裕为实践育人促发了创新发展命题

共同富裕作为一项长期任务，不可能一步到位。中共中央、国务院支持浙江高质量发展建设共同富裕示范区，就是要将浙江打造成实现共同富裕的重要“试验田”，通过支持浙江改革，促进共同富裕的目标、政策及评价等体系的形成，从而为其他省份促进共同富裕探索路径、积累经验、提供示范。浙江之所以被赋予如此重要的改革任务，有其自身的优势，如排在前列的经济地位、优秀的脱贫攻坚成果和较好的城乡统筹成效等，但也存在着区域发展差距较大等短板。共同富裕作为党和全体人民的共同目标，并非只局限于在示范区内探索实施。不同省域的发展条件不同，所面临的问题不一样，也会衍生大量的改革与创新举措。因此，共同富裕为思想政治教育提供了大量值得群策群力、探究分析的命题。

三、共同富裕发展的数字经济为高校实践育人创造了均等化的教育资源

共同富裕是中国特色社会主义迈向更高阶段的社会形态。中国坚持和发展中国特色社会主义，必然旗帜鲜明地走共同富裕发展道路。2021—2035 年，以共同富裕示范区、中国特色社会主义先行示范区为代表的试点地区将率先进入社会主义中级或高级阶段，有条件的地区将带动全国其他地区向共同富裕迈进。因此，当下及未来一段时期，共同富裕是中国实现社会主义现代化的重要主题。习近平总书记在庆祝中国共产党成立 100 周年大会上的讲话指出：“新的征程上，我们必须紧紧依靠人民创造历史，坚持全心全意为人民服务的根本宗旨，站稳人民立场，贯彻党的群众路线，尊重人民首创精神，践行以人民为中心的发展思想，发展全过程人民民主，维护社会公平正义，着力解决发展不平衡不充分问题和人民群众急难愁盼问题，推动人的全面发展、全体人民共同富裕取得更为明显的实质性进展！”

毋庸置疑，共同富裕的第一层含义是“富裕”，生产力高度发展是其最基本的前提条件，主要表现为宏观经济的一般性增长。贫穷不是社会主义，社会主义初级阶段的根本任务是解放和发展生产力，在经济发展到一定水平后逐渐实现共同富裕。因此，共同富裕是在普遍富裕基础上有差别的共同富裕。发展生产力、提高经济发展水平、普遍富裕等说法，在宏观经济学上归结为“经济增长”这一概念。如今，在共同富裕战略推动下，以大数据、云计算、物联网、人工智能为代表的新一代信息通信技术（ICT）发展迅猛，数字经济成为引领经济增长的新动能已经是不争的事实。过去，

3G、4G时代的算力、存储条件等仅能支持消费互联网（TOC）；现在及未来，5G、云计算、AI、区块链、半导体等新兴技术不断进步，更加契合生产互联网（TOB）的产业数字化将推动数字经济跨越式发展，而这一社会经济趋势，为高校实践育人带来了重要的社会支持，使其改革了教育模式，也创造了均等化的教育资源。

共同富裕除了包括收入的增长之外，还包括居民实际享受到较高水平的公共服务，而数字经济的蓬勃发展弥补了公共服务的短板，有利于推动我国基本公共服务均等化。这在教育层面尤为突出，数字网络平台的建成，使得教育资源能够快速共享，高校实践育人过程有了多种教学资源库的支持，能够保障大学生随时获取学习资源。在现代化社会，优质共享的公共服务是群众最关心、最期盼、最有获得感的领域。以往人们大多认为，中国数字经济发展优势为市场规模大、政府监管包容性强、消费者对新技术接受度高，但通过疫情显现出中国数字经济发展的另一个优势是公共服务缺口大。数字企业不断嵌入政府公共管理和人民日常生活，既扩大了数字技术的应用空间，加深了数字产业的分工和专业化，又弥补了优质公共服务供给的不足，提高了居民幸福感。人们在互联网运用中获得了超过传统商务模式的收益，即互联网红利。有研究发现，沃尔玛等企业已将美国线下商品流通体系做得非常完善，电子商务只是美国经济的重要补充；而中国的线下商品流通体系还不够完善，这才使中国电子商务能在短期内创造出增长奇迹。在公共服务领域亦是如此。当前，在医疗、教育等各领域公共管理的信息传输方面，以政府、事业单位和国企为主体的供给方不能充分满足人们对美好生活的需求，而数字平台可以为参与者提供技术、数据和市场支撑，是一个社会化较强的、具有公共服务性质的主体，在一定程度上弥补了公共服务的不足，也为高校实践育人体系的建构创造了优良的资源服务环境。

第四节　实践育人是新时代教育实现共同富裕目标的必然选择

一、共同富裕思想的历史渊源

自新中国成立以来，随着时代变迁，共同富裕思想发展出了四种类型，即“互助合作”型、“先富带后富”型、“缩小贫富差距”型及“扎实推动共同富裕”型。

一是“互助合作”型的共同富裕思想。在新中国成立之初，“互助合作”型的共同富裕思想主张以互助合作形式，消灭“单干”可能导致的贫富两极分化的风险。

二是“先富带后富”型的共同富裕思想。“先富带后富”型的共同富裕思想主张允许一部分人、一部分地区先富起来，推动解放和发展社会生产力，并形成先富对后富的带动效应，进而促进全体人民共同富裕。发端于农村的“家庭联产承包责任制”改革，改变了生产队高度集中的劳动方式和分配中的平均主义倾向，使农民的收入直接取决于自身的生产效能，这极大地提高了农民的生产积极性、创造性。借鉴农村“家庭联产承包责任制”的经验，这一阶段城市改革确定了责、权、利相结合的改革原则，使城镇职工收入与其劳动成果直接相关。

三是“缩小贫富差距”型的共同富裕思想。“缩小贫富差距”型的共同富裕思想主张先富起来的人和地区，通过各种方式方法帮助未富的人和地区富裕起来。为缩小贫富差距，党和国家出台了一系列政策，颁布《中共中央 国务院关于打赢脱贫攻坚战三年行动的指导意见》《国务院关于建立统一的企业职工基本养老保险制度的决定》等一系列文件，要求处理好效率和公平的关系。

四是“扎实推动共同富裕”型的共同富裕思想。党的十八大以来，党中央把握发展阶段新变化，把逐步实现全体人民共同富裕摆在了更加重要的位置上，推动区域协调发展，采取有力措施保障和改善民生，打赢脱贫攻坚战，全面建成小康社会，为促进共同富裕创造了良好条件。现在，已经到了扎实推动共同富裕的历史阶段。“扎实推动共同富裕”型的共同富裕思想，体现了我们党坚持全心全意为人民服务的根本宗旨，是党团结带领全国人民向“第二个百年奋斗目标”迈进的新主题、新使命和新要求。

二、新时代教育实现共同富裕要义的四重维度

新时代教育实现共同富裕要义包括四重维度：以社会主义共同富裕理论为指导，以促进人的全面发展为价值旨归，以财富正义为规则秩序，以人生哲理为心灵熏陶。

第一，共同富裕教育思想以社会主义共同富裕理论为指导。富裕是当今国家步入现代化的重要目标，但受政治、经济、历史、文化等多重因素影响，其相关理论与实践差异明显。在世界各国迈向现代化的历史进程中，只有我国选择将共同富裕作为奋斗目标。可以说，共同富裕彰显了中国共

产党的使命担当，凸显了中国特色社会主义制度的本质特征，体现了中华优秀传统文化的深厚滋养。党的十八大以来，以习近平同志为核心的党中央把握发展阶段新变化，把逐步实现全体人民共同富裕摆在更加重要的位置。习近平总书记发表一系列重要论述、提出一系列重要论断、阐明一系列重要观点，对共同富裕理论作出新阐释，对共同富裕战略作出新部署。新时代，共同富裕教育的主要内容必须是中国特色社会主义共同富裕理论，这是由中国特色社会主义共同富裕道路所决定的。

第二，共同富裕教育思想以促进人的全面发展为价值旨归。人的富裕程度既体现为物质生活质量，也体现为精神生活质量。人的物质生活质量达到一定程度之后，精神生活质量对人的获得感、幸福感、安全感的影响程度就会增加。人的物质生活与精神生活的内在统一性，彰显了人的发展的全面性。我们党在领导中国革命、建设、改革的历史进程中，始终高度重视促进人的全面发展与推动共同富裕的辩证统一关系。改革开放伊始，党中央提出，物质文明建设与精神文明建设“两手都要抓，两手都要硬”。新时代，习近平总书记强调，“共同富裕是社会主义的本质要求，是中国式现代化的重要特征。我们说的共同富裕是全体人民共同富裕，是人民群众物质生活和精神生活都富裕，不是少数人的富裕，也不是整齐划一的平均主义”。站在“中华大地上全面建成了小康社会”这一新的历史起点上，我们可以看到，共同富裕教育的重要内涵，就是要在人民群众物质生活富裕程度不断提高的同时，铸牢以社会主义核心价值观为统领，以共同富裕价值诉求为内容的思想观念、精神面貌、社会规范、文明素养，使广大人民群众在实现物质生活富裕过程中实现精神富有。

第三，共同富裕教育思想以财富正义为规则秩序。共同富裕教育要致力于形成财富正义的规则秩序，这是由两方面因素决定的。其一，中华优秀传统文化一直主张义为利的基础、前提，反对利先于义。其二，中国特色社会主义的本质决定了“共同富裕”的方向。邓小平同志提出，“社会主义的本质，是解放生产力，发展生产力，消灭剥削，消除两极分化，最终达到共同富裕”。中国特色社会主义始终围绕这一目标制定发展战略，推动“共同富裕”不断向更高水平前进。党的十九大以来，“扎实推动共同富裕”之所以能够上升为国家顶层战略，不仅在于我们党坚持人民主体地位、始终以人民为中心的发展理念，还在于改革开放以来我们取得举世瞩目成就所带来的最大底气。当前，我们正朝着建设社会主义现代化强国的目标奋进，在实现财富公平正义方面，为世界树立了标杆。因此，共同富裕教育必须以公平正义为价值尺度，坚持以人民为中心的发展思想，以共同富裕促进人的全面发展。

第四，共同富裕教育思想以人生哲理为心理熏陶。从哲学层面而言，共同富裕问题表现为人以何种价值评价标准衡量自身的人生价值。在资本主义社会，人是资本的附庸，人生价值为资本所决定，人生价值评价尺度掌握在资本家手中。共同富裕教育反对以资本为本的财富道德观念，将财富伦理关怀视野由个人延伸至全社会。共同富裕教育主张所有受教育者应从内心深处生发出与他人、组织、社会、国家的财富精神联系，进而将这种精神联系转化为推动共同富裕的思想、行为习惯。

三、高校实践育人为新时代教育实现共同富裕提供必要支持

从上述分析可知，共同富裕思想为新时代的教育补充了理论内容，明确教育的核心是促进人的全面发展，让新时代教育实现价值回归。而新时代教育要真正意义上践行共同富裕目标，满足其精神文明建设与人才培育的需求，必然离不开高校实践育人的支持，这一路径是我国全方位迈向共同富裕理想目标的必然选择。

首先，实践育人过程能够开发大量共同富裕教育课程资源，塑造全体人民共同的价值追求，让社会成员凝聚力量，为这一理想目标而奋斗。深入挖掘并呈现历史资料中的鲜活案例，有助于增强受教育者的情感认同，并由情感认同发展为坚定的意志，进而转化为实际行动。在中国共产党成立 100 周年之际，党中央在全党开展党史学习教育，激励全党不忘初心，牢记使命。从高校实践教育课程资源开发的角度来看，百年党史既是波澜壮阔的中国共产党百年发展史，也是中国共产党带领广大人民实现共同富裕的革命史，是一部中国共产党带领广大人民不断推动共同富裕取得实质性进展的奋斗史。中国共产党一经诞生，就把为中国人民谋幸福、为中华民族谋复兴确立为自己的初心使命。在百年的奋斗历程中，我们党积极增进广大人民群众的福祉，彰显出“共同富裕是社会主义的本质要求，是中国式现代化的重要特征”。因此，党史中蕴含的共同富裕教育资源极为丰富，需要高校在实践教育中进行系统性的课程资源开发。

其次，高校实践教育可以深化共同富裕理论研究，助力现代化教育对共同富裕形成系统化的理性认识，为实践提供正确方法。党的十八大以来，习近平总书记站在新时代坚持和发展中国特色社会主义的战略高度和全局高度，就扎实推动共同富裕发表一系列重要讲话，作出一系列重要部署，

为逐步实现全体人民共同富裕提供了科学指引。习近平总书记的系列重要论述，进一步丰富和发展了我们党对共同富裕的规律性认识，是习近平新时代中国特色社会主义思想的重要组成部分，是扎实推动共同富裕的科学遵循。习近平总书记深刻论述了扎实推动共同富裕总的思路：“坚持以人民为中心的发展思想，在高质量发展中促进共同富裕，正确处理效率和公平的关系，构建初次分配、再分配、三次分配协调配套的基础性制度安排，加大税收、社保、转移支付等调节力度并提高精准性，扩大中等收入群体比重，增加低收入群体收入，合理调节高收入，取缔非法收入，形成中间大、两头小的橄榄型分配结构，促进社会公平正义，促进人的全面发展，使全体人民朝着共同富裕目标扎实迈进。”① 我们党关于共同富裕的理论源于改革开放以来的伟大实践，是系统化了的对共同富裕的理性认识，对推进新时代全体人民共同富裕取得实质性进展，发挥着根本性的指导作用。

再其次，高校实践育人不断挖掘共同富裕典型，为新时代教育创造实践课程。共同富裕理论是在实践中产生并被实践检验的科学认知。改革开放以来，中国共产党带领中国人民进行的伟大共同富裕实践中，涌现出了许多共同富裕典型，如“让全乡人民逐步富裕起来”的浙江民营企业家代表鲁冠球等。进入新时代，共同富裕典型人物大量涌现，如“七一勋章”获得者石光银，他将治沙与致富相结合，创造“公司+农户+基地”的新模式，带动沙区群众共同富裕。在高校实践育人中，深入挖掘新时代共同富裕典型，开发共同富裕实践课程，对增强我国教育践行共同富裕战略目标的实效性、针对性意义重大。

最后，高校实践育人形成思政课程与课程思政“双轮驱动”格局，夯实了新时代共同富裕教育主阵地。思政课程与课程思政同向同行、同频共振，在高校思想政治教育过程中发挥着不可替代的重要作用。高校需要在实践育人中发挥我国现代思想政治教育“双轮驱动”的作用。一方面，应结合思政课各门课程的内容与特点，联系我国“扎实推动共同富裕”实际，发挥思想政治理论课对共同富裕教育的引领、推动作用。在“毛泽东思想和中国特色社会主义理论体系概论”课程教学中，应讲授马克思主义中国化理论成果中蕴含的共同富裕思想，重点讲授习近平总书记在系列重要论述中对共同富裕理论作出的新阐释，引导学生准确把握共同富裕理论的形成过程与实践探索。在“思想道德修养与法律基础”课程教学中，应着力

---

① 习近平. 扎实推进共同富裕［J］. 求是，2021，(20)：1-2.

围绕共同富裕的理念、道德、社会文明行为和相关法律法规开展教育。例如，在讲授“科学对待人生环境”内容时，可以从正确认识和处理人与自身、个人与他人、个人与社会关系的角度，阐释共同富裕理论的合规律性、合道德性，帮助大学生树立科学的共同富裕理想信念。在“马克思主义基本原理概论”课程教学中，应从马克思主义哲学、政治经济学角度揭示共同富裕的科学性、必然性，阐明“扎实推动共同富裕”是马克思主义共同富裕理论在当代中国的发展和创新。在“中国近现代史纲要”课程教学中，应将着力点放在我们党矢志不渝为实现共同富裕而奋斗的光辉历程上，充分讲述和展现我们党坚持以人民为中心的发展思想，以及在不断促进人的全面发展、全体人民共同富裕过程中所取得的伟大成就。在“形势与政策”课程教学中，应将共同富裕作为社会热点问题进行专题讲授，引导大学生主动关注、积极参与共同富裕建设。另一方面，高校应以“大思政”理念为统领，以“适度性”为原则，以课程思政为抓手，在各门课程中汲取共同富裕教育因素，有目的性地将其渗透在教学环节中。通过思政课程与课程思政“双轮驱动”，充分发挥二者的思想政治教育功能和育人优势，形成协同效应，更好地提炼出各门专业课程中共同富裕的教育要素，并将其有效融入教学环节中，从而使共同富裕理论润物细无声地浸润学生的心田，帮助学生树立正确的价值观念。

第四章 共同富裕视域下高校实践育人体系建设中存在的问题及原因剖析

第一节 调查问卷设计及发放情况

一、调查问卷的研究目的

改革开放40余年间，高校的实践育人工作在思想观念更新、活动内容丰富、实践平台拓展、体制机制完善等诸多方面，不断迈向新的高度。然而，尽管各高校实践育人工作蓬勃发展，但依然面临众多问题，这些问题影响了育人效果。为了更深入地了解新时代高校实践育人的现状，并准确分析存在的主要问题及其成因，本书坚持理论与实践相结合的原则，在理论研究的基础上，进行问卷调查和访谈调查，以获取可靠的实证数据，为高校实践育人体系建设提供有价值的参考。

本次调查研究旨在从5个方面深入探讨共同富裕视域下高校实践育人体系建设中存在的问题。一是深入了解大学生对高校实践育人的认知和态度，以便更准确地把握学生的需求。二是详细分析大学生参与实践育人的实际情况，从而全面了解现状，为实践育人体系的优化提供依据。三是全面把握大学生对实践活动与学习关系的认知，以便更好地将实践融入学习过程。四是深入剖析高校开展实践育人中存在的问题，以期为改进和提升提供科学合理的建议。五是认真收集并细致分析大学生对高校实践育人体系建设的建议，以确保研究的全面性和深度。作为实践活动的主要参与者，大学生的看法和建议是非常珍贵的参考意见，对高校思政教育实践育人体系的建设具有十分重要的指导作用。

二、调查问卷的基本问题

目前，高校实践育人工作已经取得了显著的进展，正逐步迈向深化和突破的阶段。这一过程既呈现积极的前进态势，也伴随着一些曲折与挑战；

尽管取得了一些有益的成果，但也面临着一些问题。越来越多的专家学者开始深入研究和分析高校实践育人的理念认知、内容设置、实践形式、实践载体、实施方法、管理机制及育人成果等。本研究结合研究目的与内容，参考近年来国内许多学者在高校实践育人领域的实证研究数据，从多角度进行了归纳总结，设计制定了“共同富裕视域下高校实践育人体系建设研究现状调查问卷”，共设置 17 道题目，分为两大部分：第一部分主要是对被调查者基本情况的了解，包含 2 道客观题，为年级和学科类型；第二部分是本次调查的主体内容，设计了 15 道客观题，紧扣调查研究的目的，题目主要涵盖了高校对实践育人的关注程度、具体实施情况，大学生参与活动的情况、满意度、实效性及可能存在的问题等重要方面。同时，在题目选项的设计上也力求合理。

三、调查问卷的发放与回收

为了深入把握当前共同富裕视域下高校实践育人体系建设工作的真实现状，以及共同富裕视域下符合当代大学生思想政治教育工作需求的改进方向，本研究以江苏省内 12 所高校的学生为调研样本，分发“共同富裕视域下高校实践育人体系建设研究现状调查问卷”1500 份，回收 1310 份。调研对象主要为大一到研三的学生及部分高校思政工作者。其中大一/研一新生占 18. 56%，大二/大三/研二学生占 25. 67%，大四/研三毕业生占 55. 77%，见图 4-1。受访者专业涵盖文、理、工科的多个学科门类，其中法学门类占比最多，为 63. 47%，哲学次之，为 15. 39%，见图 4-2。除在校学生外，本研究还对部分高校思政教师做了采访和调研。这使本次调研的覆盖度和专业性都得到了保证。

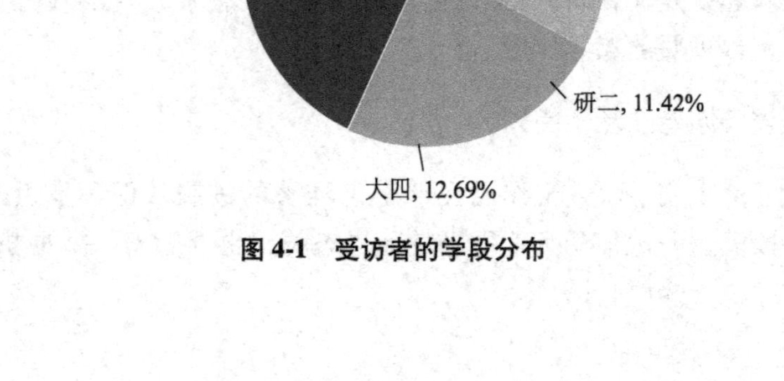

图 4-1　受访者的学段分布

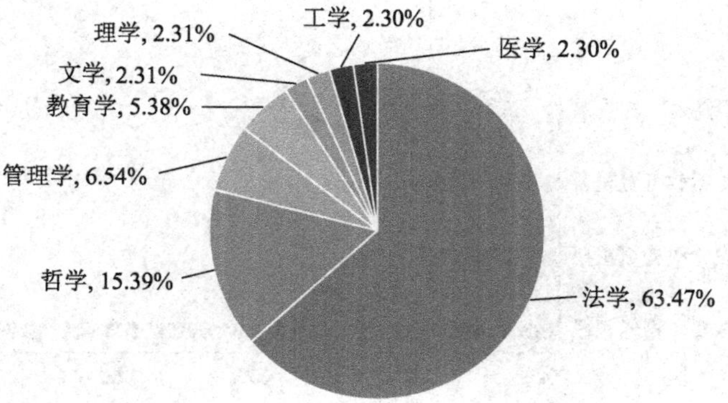

图 4-2　受访者的专业分布

四、调查问卷的结果分析

（一）高校实践育人的认知度调查

在对调查问题“您对‘实践对大学生成长至关重要’的看法”的回答中，选择“非常赞同”这个选项的学生占 50.03%，选择“比较赞同”的同学占 29.77%，选择“不太清楚”的同学占 19.44%，选择“不是很赞同”的同学仅占 0.76%，选择“不赞同”的同学占 0%，见图 4-3。可见，大多数学生认同实践对于大学生成长和高校人才培养的重要性，他们对高校教育中注重实践育人给予支持和认可。

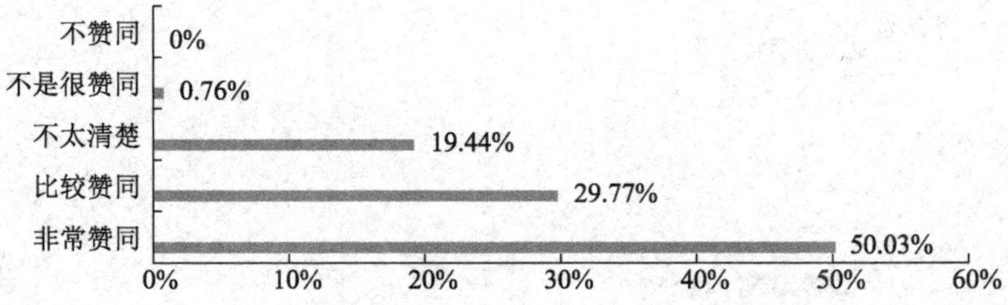

图 4-3　“您对‘实践对大学生成长至关重要’的看法”选项调查结果

调查结果显示，75.26%的受访者认为理论教育和实践教育同等重要，相互补充；13.96%的受访者认为理论教育更为重要，而认为实践教育更重要的受访者占 9.16%，不清楚二者关系的受访者仅占 1.62%，见图 4-4。数据表明，大部分学生对于理论教育和实践教育之间的关系有明晰的认识，但是仍然有超过三成的学生在这方面认知不明确。这就要求高校加强对理论教育与实践教育互补关系的宣传与引导，进一步提升学生对教育模式的认知水平。

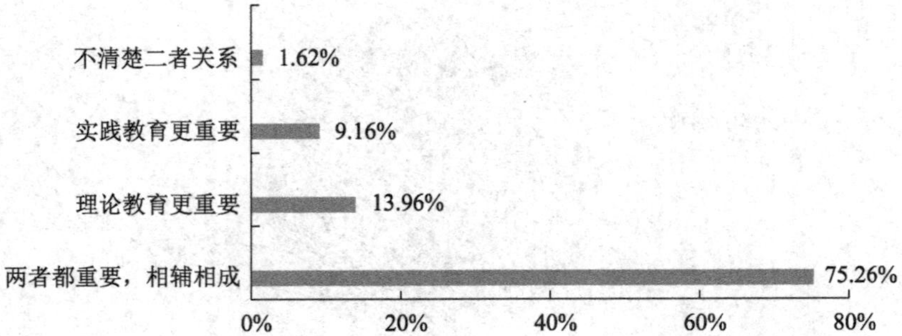

图 4-4　“您认为理论教育与实践教育两者之间的关系”选项调查结果

数据表明，大多数学生认同共同富裕对实践教育工作的积极作用。在“您认为共同富裕对当下实践教育工作具有指导价值吗”这项调查问题中，82.06%的受访者认为共同富裕在当前教育工作中具有非常明确的指导意义，14.88%的受访者则认为它在教育工作中有一定的指导作用。只有 0.53%的学生对其持否定态度，还有 2.53%的同学对这两者之间的关系并不十分清楚，见图 4-5。这显示了学生对于共同富裕理念在教育工作中的认同程度相对较高，也反映出他们对社会公平与共同繁荣的关注。因此，在教育实践中应充分体现这一理念，促进教育资源的均衡分配，培养更多有社会责任感的人才。

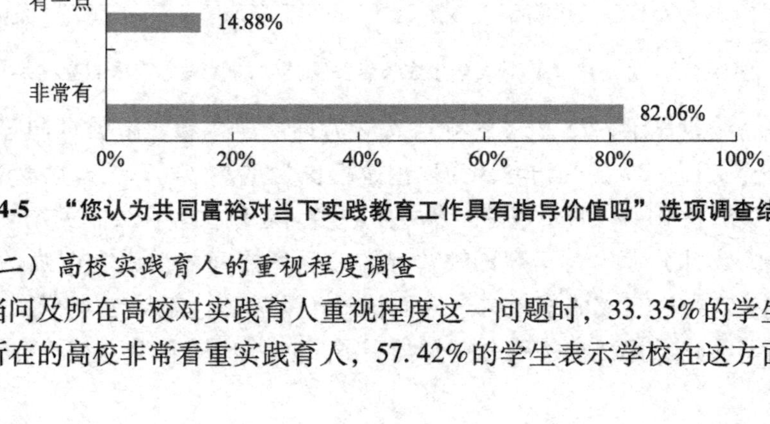

图 4-5　“您认为共同富裕对当下实践教育工作具有指导价值吗”选项调查结果

（二）高校实践育人的重视程度调查

当问及所在高校对实践育人重视程度这一问题时，33.35%的学生认为自己所在的高校非常看重实践育人，57.42%的学生表示学校在这方面比较注重，另有9.23%的学生认为学校的重视程度相对较低，见图4-6。调查显示有超过三分之一的高校对实践育人工作非常看重，而相当一部分高校只是较为关注，甚至少数学校根本不予重视，在实践育人方面，高校间仍存在一定的差异和改进空间。

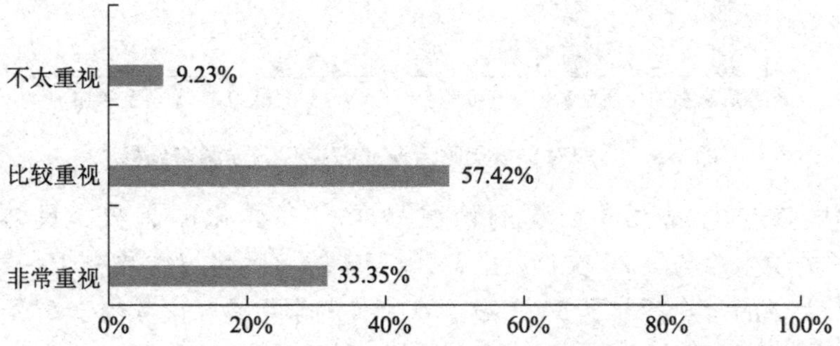

图4-6　“您认为您所在高校对于实践育人的重视程度如何”选项调查结果

调查结果显示，73.15%的学生认为自己所在高校实施了独具特色的育人活动，反映出高校在实践育人方面有一定特色与亮点。然而，另有26.85%的学生认为自己所在高校在这方面尚未有显著特色，表明仍有改进空间，见图4-7。这也显示出各高校在实践育人理念上需要进一步加强认知，探索特色发展路径。

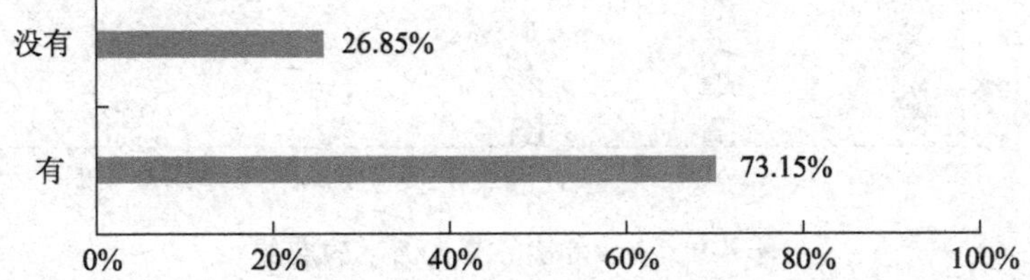

图4-7　“您所在高校有没有特色的实践育人活动”选项调查结果

（三）大学生参与实践育人活动的情况调查

在被问及“您对参与实践活动的态度”时，53.74%的学生选择“非常愿意参加”，24.68%的学生表示“愿意参加”，选择“可能会参加”的学生占15.28%，还有6.3%的学生选择“不太愿意参加”或“不愿意参加”，见图4-8。整体来说，学生们对参与实践活动的态度是积极向上的。

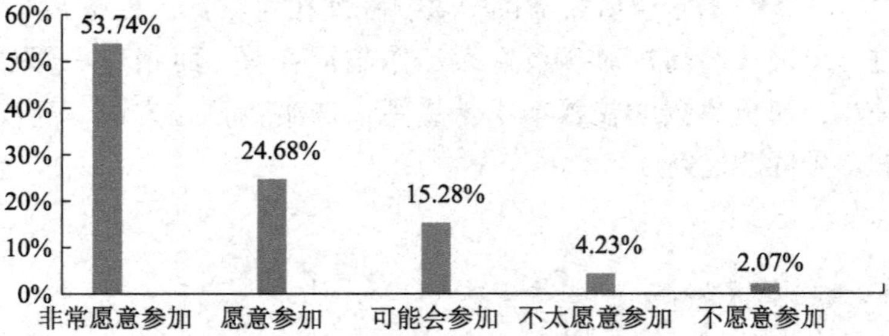

图 4-8　“您对参与实践活动的态度”选项调查结果

学生参与实践育人活动的情况呈现出多样化的趋势。具体来看，22.86%的学生参与了 20 次及以上，50.73%的学生参与次数在 10~20 次之间，17.45%的学生参与了 5~10 次，6.59%的学生参与次数少于 5 次，而有 2.37%的学生则称从未参与过，见图 4-9。综合来看，大多数大学生对学校组织的实践育人活动持积极态度，参与度较高，但也有一小部分学生的参与度相对较低，这可能需要进一步了解原因并采取相应措施以提升他们的参与意愿。

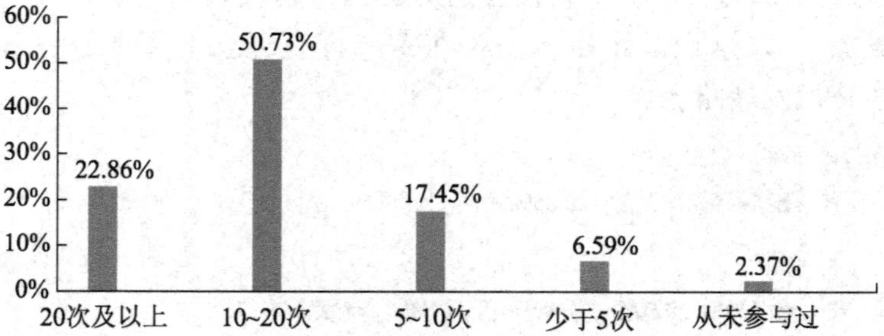

图 4-9　您参加实践育人活动的次数

在对问题“您都参加过哪些学校组织的实践活动”（多选）的回答中，绝大多数学生积极参与了各类实践活动，然而仍有 5.06%的学生对学校组织的实践活动参与度不高，见图 4-10。这说明并非所有学生都积极参与学校组织的实践活动，学校应该加强宣传推广力度以及呼应学生的需求，鼓励更多学生参与实践活动，以提升他们的综合能力和发展潜力。

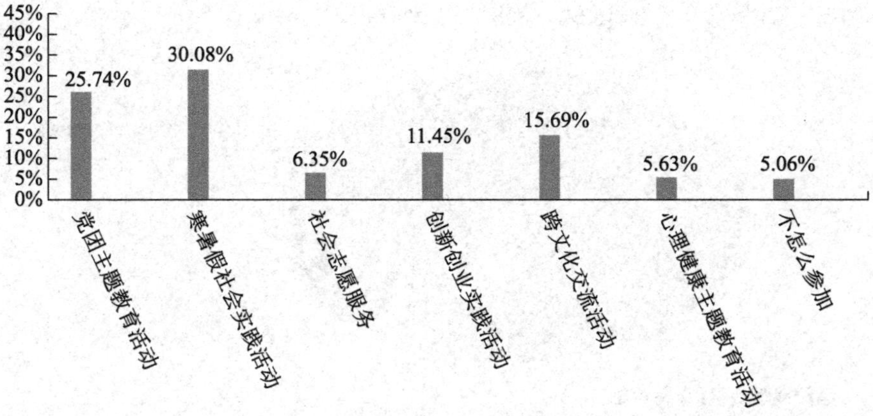

图 4-10　“您都参加过哪些学校组织的实践活动（多选）”选项调查结果

在了解学生们对实践活动内容的看法时，有超过半数的学生认为高校实践育人活动内容丰富多样，然而也有 32. 98%的学生认为内容较为单一，9. 16%的学生表示不怎么参加，见图 4-11。由此可见，目前高校在实践教育方面仍存在一些问题，育人成果并不尽如人意。

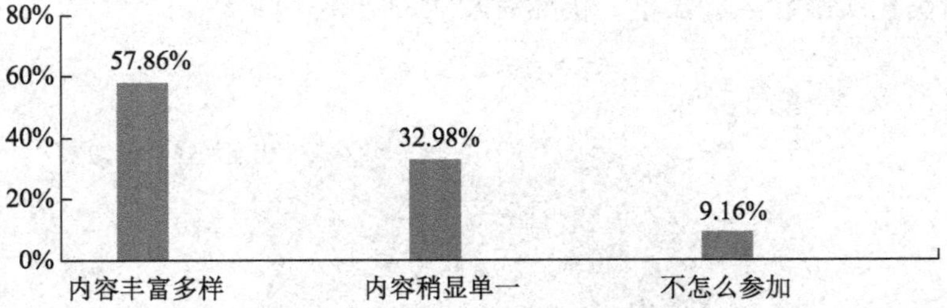

图 4-11　“您认为学校实践活动的内容如何”选项调查结果

（四）高校实践育人工作的具体实施情况调查

在对问题“您参加的学校实践活动一般的组织方式是什么（多选）”的回答中，有 16. 49%的学生表示是自发组织的，64. 58%的学生表示高校实践活动主要以学校或学院组织为主，5. 48%的学生表示高校实践活动主要由社团组织，还有 13. 45%的学生表示高校实践活动主要由教师组织，见图 4-12。这表明大多数学生依赖外界组织实践活动，只有少部分学生具备自发组织实践活动的意愿和能力。

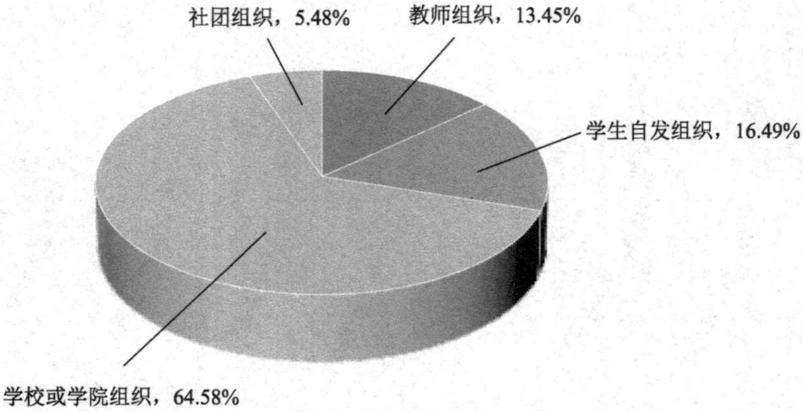

图 4-12　“您参加的学校实践活动一般的组织方式是什么（多选）”选项调查结果

（五）高校实践育人的满意度调查

在对“您对学校实践育人工作的满意度如何”问题的回答中，表示“不满意”和“仍需加强”的学生占 65.56%，见图 4-13。这表明经过多年发展，高校实践育人工作虽然已经取得了一定效果，但是目前还未满足多数人对高校实践育人的需求，仍然有较大的进步空间。

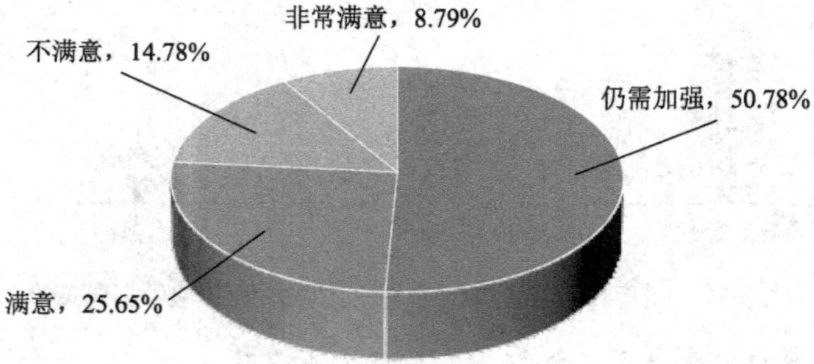

图 4-13　“您对学校实践育人工作的满意度如何”选项调查结果

（六）高校实践育人的成效调查

对于实践活动的成效评价，学生们的看法不同。其中，15.64%的学生认为活动超出了预期目的，47.97%的学生认为达到了预期目的，36.39%的学生则认为未达到预期目的，见图 4-14。这显示了学生对实践活动效果的看法不一，也反映出实践活动的成效在一定程度上还有提升空间。

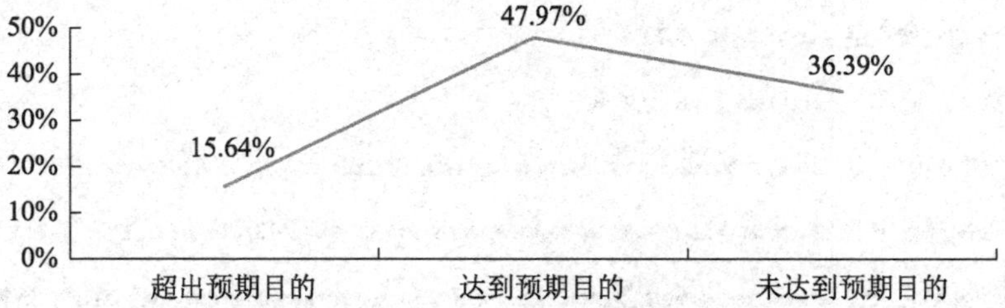

图 4-14 “您所参加的实践活动是否达到预期目的”选项调查结果

数据表明，88.65%的学生认可高校实践育人活动的积极意义，相信其对大学生的全面成长具有正面影响。然而，有 11.35%的学生持相反态度，表示这类活动在一定程度上缺乏积极意义甚至毫无意义，见图 4-15。这反映出学生对于实践育人活动的评价存在一定程度的分歧，高校应调整和改进实践育人活动以满足不同学生的需求。

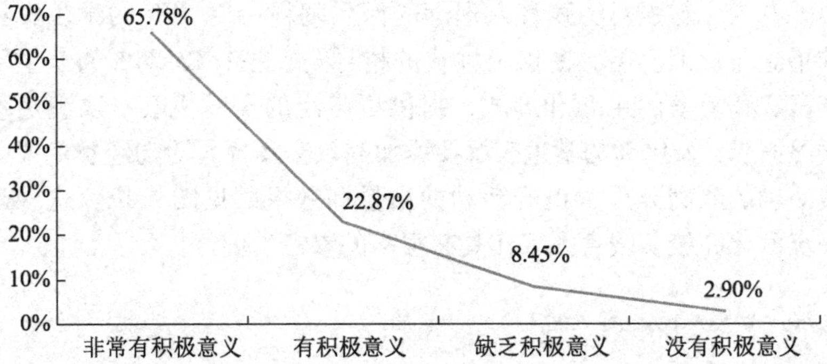

图 4-15 “您认为高校实践育人活动的开展对大多数同学有积极意义吗”选项调查结果

（七）高校实践育人的问题调查

研究结果表明，大学生普遍认为目前高校实践育人存在许多问题，35.76%的学生认为实践育人活动缺乏实际应用性；有 24.02%的学生觉得学校重视程度不够，需要进一步加强相关工作和给予资源支持；同时 27.19%的学生认为学校在实践育人活动的指导与反馈方面有所欠缺；7.31%的学生认为实践活动主题单一，缺乏特色和多样性；另有 5.72%的学生指出实践育人存在活动经费不足的问题，见图 4-16。这表明高校在实践育人方面存在许多问题，还有待完善。

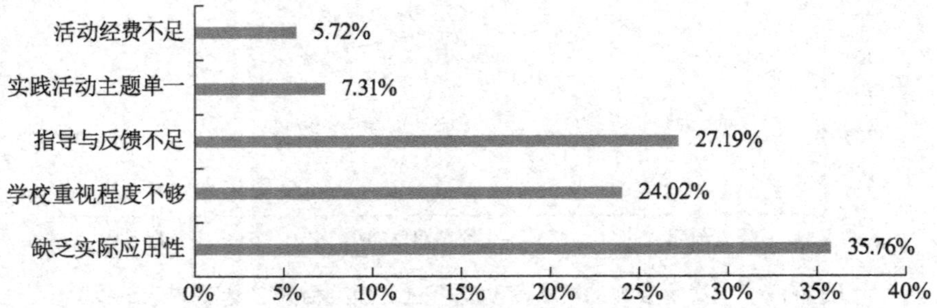

图 4-16　“您觉得当前高校实践育人存在什么具体问题”选项调查结果

（八）高校实践育人的建议调查

在对“您希望高校在今后实践育人工作中如何改进”问题的回答中，学生们提出了很多有建设性的意见，39.87%的学生认为要增强实践育人活动实际应用性，提高实践活动的针对性；24.75%的学生主张高校应该更加重视实践育人，加强对实践育人理念的深入阐释；17.98%的学生希望建立有效的指导与反馈机制，提供个性化的指导与反馈；12.34%的学生认为高校要丰富实践活动的主题和形式，提供更广泛的实践机会，以满足不同学生的学习需求；5.06%的学生表示要增加高校实践育人活动经费的投入，保障实践活动的顺利开展，提升活动的质量和效果，见图 4-17。这些建议对于进一步深化高校实践育人工作具有很高的参考价值。

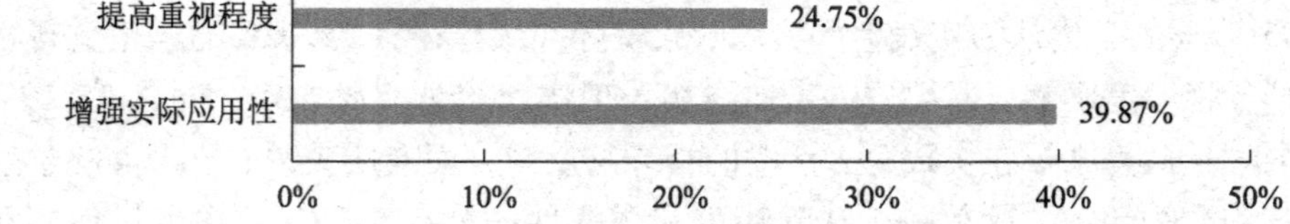

图 4-17　“您希望高校在今后实践育人工作中如何改进”选项调查结果

第二节　共同富裕视域下高校实践育人体系建设中存在的问题

共同富裕视域下，高校不仅是传授知识的场所，更是培养社会公民的摇篮。然而，在高校实践育人体系建设的过程中，我们面临理念、模式、动力和保障等方面的挑战，直接影响高校实践育人效果的提升。分析高校实践育人体系建设中的诸多问题，有利于高校实践育人的进一步发展。

一、对实践育人重要意义认识不足，理念落后

随着共同富裕理念的深入推进，高校实践育人体系的建设显得尤为紧迫和关键。在这一过程中，一个不可忽视的重要问题是，部分高校对实践育人的重要意义的认识尚显不足，在理念上甚至存在一些滞后的情况。高校实践育人是一项系统、复杂的工程，为了确保其顺利推进，提升我国人才培养质量，应对高校实践育人形成全面、深刻、科学的认识。首先，通过调查发现，部分教师尚未充分认识实践育人的深刻意义。这类教师通常以传统的理论授课为主要教育模式，将实践育人放在次要位置。这种理论脱离实践的教学方式造成学生所学到的多是理论知识，不足以指导其开展具体的实践活动，学生在真实的社会环境中面对问题时，难以做出有效应对。其次，部分高校的实践育人理念滞后于时代发展。传统的教育理念未必能够适应当前复杂多变的社会环境，随着科技的进步和社会的变迁，人才需求发生了巨大变化，实践育人也需要与时俱进，将现代技术手段、创新理念融入其中。并且，实践育人需以问题为导向、以实践为核心，培养学生的实际操作与解决问题能力，使其具备适应未来社会发展的实践能力。最后，一些高校可能对实践育人的效果和价值有一定误解。他们认为实践育人在成绩和学术声誉上不能与课堂教育相媲美，没有正确、科学地认识实践育人的价值，在实践教学环节通常只是刻板地满足上级部门的考核要求，未充分认识到实践育人在高校人才培养中的重要性，也忽视了高校实践育人作为一项系统性育人工程的全面价值。然而，实践育人的目的并非取代课程教育，而是为了补充和丰富学生的知识体系，培养其全面发展的能力。

二、实践育人科学体系没有建立，模式单一

实践育人科学体系的完善程度直接影响实践育人效果。为确保实践育人有效开展，需要在教学目标、教学内容、评价机制等方面建立起科学的体系。然而，当前很多高校在实践育人方面缺乏科学的体系框架，实践教育活动的组织和规划零散且缺乏层次性，学生参与其中时难以获得全面培养和锻炼。高校的社会实践活动形式局限于社会调查、义务劳动等，而没

有根据大学生的心理特点、知识水平、接受能力安排不同的实践内容，不能很好地体现大学生的专业特点和知识结构①，忽视了跨学科综合性的实践育人策略，导致实践活动的形式相对单一，难以满足学生多样化的实践需求。传统的实践教育通常侧重于实习和实训，往往忽略了其他形式的实践活动，例如科研实践和社会实践等。然而，这些活动具备针对性地培养学生各种能力和素养的潜力，具有独特的价值和意义。因此，高校应当在实践育人中探索多样化的模式，以满足不同学科和专业学生的需求。此外，缺乏明确的培养目标和评估体系也是实践育人体系建设中的一大难题。在缺乏科学的指导和评估体系的情况下，实践活动的成果难以客观衡量，也无法提供及时有效的反馈和指导。这些问题的存在，导致学生虽然参加了实践活动但并没有达到预期收获，高校在开展实践教育的过程中很难获取丰富的经验，高校实践育人工作实际效果大打折扣。由此可见，高校应当加强对实践育人体系的规划与建设，建立科学完备的体系框架，也应当探索多样化的实践育人模式，以满足不同学科和专业学生的需求。同时，还需要及时更新实践育人的内容和形式，使之与现实社会的发展保持一致。

三、实践育人主体合力还未形成，动力不足

实践育人的参与主体包括学校、社会、企业、家庭等。要建立实践育人的主体协同机制，就要充分调动和发挥各主体的优势与能动性，从整体性、系统性视野构建多元主体协同参与的工作体制机制，推动实现全员育人。② 首先，目前实践育人的管理体系错综复杂，各实践育人主体之间仅以简单方式合作，导致多元育人主体无序，形成了一种缺乏明确方向的“伪合作”模式。要改变这种现状，高校应当深入领会实践育人工作的重要性，充分发挥各方面的作用，共同营造全员高度重视并积极参与实践育人的良好氛围。在高校内部，教师、学生、行政管理者等各方参与者都是实践育人体系建设的重要组成部分。教师应承担起知识传授和实践引导的任务，学生要积极参与实践活动，并通过实践来加深对理论知识的理解，而行政管理者则需要提供有效的组织保障和资源支持。但在实际操作中，受到各方利益、认知水平、合作意愿等因素的影响，育人主体协同合作效能仍不足。例如，高校内部对实践育人力量的消解，学校安排的实践教育活动与

① 张国栋. 大学生社会实践探索［M］. 沈阳：辽宁大学出版社，2009：156.

② 孔祥年. 新时代高校社会实践协同育人机制研究［J］. 学校党建与思想教育，2019，（8）：86-88.

部分学生的专业课程冲突，实践教育活动无条件为专业课程教学让位。其次，实践育人体系建设缺乏足够的推动力。实践育人需要各方的共同投入和持续努力，但在现实中，由于一些客观因素如资源不足、时间紧张等，以及一些主观因素如认知偏差、工作压力等的影响，高校在实践育人体系建设方面的动力不足，这将直接影响实践育人体系建设的速度和成效，导致实践育人成果无法充分显现。

四、实践育人工作机制尚未确立，保障不够

实践育人作为思想政治教育的重要组成部分，是一个长期性、系统性的复杂工程。它应当被纳入思想政治教育工作的整体规划中，以确保在长远规划的基础上形成一系列有效运转的保障机制。然而实际上，许多高校目前还存在保障机制不健全、思想政治教育实践育人效果不尽如人意的情况。高校实践育人需要相应法律法规提供政策支持和强有力的保障。比如“德国就颁布了《企业基本法》《培训员资格条例》《青年劳动保护法》《技工条例》等一系列法律法规，相关部门、行业组织也相继出台具体条例和实施办法，明确了政府、企事业单位、高校在组织大学生开展实习实践的责任与义务”①。我国尚未完善相关法律制度，这导致实践育人工作的保障体系相对薄弱，一些企业、社区等社会单位对思想政治教育实践的支持和重视程度并不高，甚至不愿为学生提供实践机会和平台，影响了思想政治教育社会实践资源的有效利用及实践育人水平的提升。此外，缺少明确的实践育人工作机制，也会让教师在实践教育中难以有效地进行引导和组织，而学生则可能会失去获得有效锻炼的机会。实践育人工作的持续性和稳定性也会因为缺乏完善的保障机制难以得到保障，例如，在实际操作过程中，可能会出现因资源匮乏而无法保证实践活动顺利进行的情况，导致实践育人效果大打折扣。为此，高校需要建立起一个完备的资源保障机制，拓展实践基地、引入先进设备、培养专业人才，构建广泛的合作网络，与企业、社区建立紧密联系，共同分享资源与经验，确保实践育人工作在稳健有序的基础上向前迈进，为学生提供更为丰富、全面的教育体验，培养出真正具备实践能力和创新精神的人才。

---

① 安东尼·吉登斯. 第三条道路：社会民主主义的复兴［M］. 郑戈，译. 北京：北京大学出版社，2000：34.

第三节　共同富裕视域下高校实践育人体系建设中问题的原因剖析

高校实践育人体系建设问题成因是多种多样的，同时也来自方方面面。这些原因均与构成实践育人的要素有关，基于这一认识，讨论高校实践育人体系建设问题的成因主要应从高校实践育人的构成要素方面来思考，具体体现在以下几点。

一、高校对实践教育的认同感不强，且缺乏追踪调查研究

当前，高校可能更加偏向于理论研究和学术成果的产出，对实践教育的认同感相对不强。首先，部分高校没有深刻认识到进一步加强和改进高校实践育人活动的深远意义和重要性，而仅将其简单理解为大学教育的辅助手段，认为专门组织人力、物力和财力开展实践育人活动并不十分必要，且实践育人一定不能占用教学资源，在空间、时间和物力资源上，实践育人要无条件地为课堂教学让步。由于高校对思想政治教育实践育人的认知深度不够，政策落实不到位，再加上受传统教育模式的影响，思想政治理论课教师在一定程度上也会忽视实践教学，不愿意将时间和精力投入到思想政治理论课的实践教学环节中，更愿意将时间和精力投入到科研工作中，对于学习借鉴成功的实践教学案例的态度也不积极。这就导致思想政治理论课的理论教学与实践教学相脱节，实践育人处于“可有可无”的尴尬境地。高校在教学的安排上更倾向于课堂讲授，而将实践环节视作附加项，甚至在课程设置中也只是形式上的纳入，实质上缺乏系统性和深度。其次，高校在对实践育人的师资队伍和资源配置上也存在不足，导致实践育人的质量难以得到保障。一些学校缺乏专业的实践教育导师或实践基地，甚至在一些领域内，实践教育的机会相对匮乏，学生难以在真实场景中得到锻炼。最后，高校对实践教育的认同也受到社会认知的影响。一些传统观念仍然将“知识学习”视为学习的唯一形式，忽视了实践在学生成长中的重要性。在招生录取、教学评估等环节，对学生实践能力的考察和评价往往被认为较为次要，这也使得高校在实践教育方面缺乏必要的激励和推动力度。此外，高校对实践教育缺乏追踪调查研究也是一个显著的问题。缺乏科学的数据支持，使得高校无法准确地了解学生在实践环节中的表现和成长，也无法为教学改革提供有力的依据，这导致实践教育过程中的盲目性，往往难以作出有针对性的调整和优化。为解决这些问题，首先，高校应当

加强对实践教育的认识，将其视作学校教育体系中不可或缺的一环，从课程设置、教学方法等多方面着手，将实践教育纳入核心教育体系。其次，高校需要加大对实践教育师资队伍和资源的投入，建设实践教育基地，提升实践教育的质量和深度。最后，建立科学的评估机制，加强对学生实践能力的考核和评价，同时加强对实践教育的研究和调查，为高校教学改革提供科学的依据。

二、高校的实践教育与课程教学长期分离，缺少协同融合

传统的高等教育体系往往将课程教学与实践教育划分为两个相对独立的领域，以课程教学传授理论知识为主，实践教育则常常被辅助性地安排在学期末或学年末。这种教育模式使得学生在课堂上获取了大量的理论知识，却缺乏实践应用的机会，出现知行脱节的情况。许多学生在毕业后面对实际工作时，往往感到手足无措，因为他们缺乏在实际工作场景中应用所学知识的经验。这种知行分离现象的产生与多方面因素相关。首先，传统的教学模式过于注重理论知识的传授，而忽视了学生实践能力的培养。例如，一个工程类专业的学生会在课堂上学到各种理论知识，却可能在实际的工程项目中不知从何下手。其次，高校往往缺乏将实践教育与课程教学融为一体的有效机制。一些实践环节只是在形式上纳入课程体系，缺乏实践开展的深度与系统性，难以为学生提供真正丰富的实践体验。此外，在进行师资队伍的结构调整和培训也需要重视实践教育，只有具备实践经验的教师才能够有效地引导学生将所学知识应用于实际。缺乏课程教学与实践教育协同融合的教育模式不仅影响学生综合能力的培养，也制约高校教育的发展。为解决这一问题，高校可以采取一系列策略。首先，应当加强实践教育与课程教学的内在联系，将实践教育纳入课程体系的核心，构建起理论与实践相互贯通的教学模式。其次，高校需要加大对实践教育资源的投入，积极打造实践教育基地，提升实践教育的质量和深度。最后，建立科学的评估机制，加强对学生实践能力的考核和评价，以确保实践教育的有效性和实效性。在各方面日益加快发展的社会环境下，实践教育的重要性愈发凸显。高校应当正视实践教育与课程教学的协同融合问题，积极探索符合现代教育需求的教学模式，为学生提供更为全面的教育体验，培养出更具实践能力的人才，以适应社会发展的需求。只有实践教育与课程教学协同融合，才能够真正实现高校教育的全面提升和发展。

三、高校实践教育“全员”参与格局还未形成，缺乏顶层设计

全国教育大会上习近平指出：“教育是民族振兴、社会进步的重要基石，是功在当代、利在千秋的德政工程，对提高人民综合素质、促进人的全面发展、增强中华民族创新创造活力、实现中华民族伟大复兴具有决定性意义。”① 高校实践育人是一项需要政府、社会、高校等多方力量齐心协力完成的具有全局性、复杂性、整体性的工程。在此过程中，政府、教育部门、高校等各部门需相互配合，共同推动实践育人工作。高校内部同样需要将实践育人作为一个系统性工程来全面考虑，这涉及高校各部门、各层级、各要素的协同合作。然而，当前高校实践教育“全员”参与格局还未形成，同时也缺乏顶层设计。首先，高校内部的实践教育各方参与意识不强，实践教育活动在整体层面上形成了“孤岛化”的状态。教师、学生、行政管理人员等缺乏有效的沟通与协调机制，使得实践教育难以形成一个有机的整体。教师可能更倾向于课程教学，而学生则可能面临实践机会匮乏的现状，行政管理层也可能未能提供有效的政策支持与资源保障，使得实践教育难以全员参与。其次，高校缺乏明确的实践育人顶层设计。在实践教育的规划与推动过程中，缺乏由高层领导统筹规划的战略指导，导致各学科、各院系之间的实践活动难以有机地整合在一起。缺乏整体性的规划，容易使得实践教育处于零散、片段化的状态，难以形成强大的推动力。此外，实践教育参与度的不均衡也是一个显著问题。一些学科、专业可能因为历史原因或资源配置的差异，导致实践教育的参与度相对较高，而另一些学科、专业则可能因为条件受限而难以提供充足的实践机会。这导致实践教育中学生之间的差异，影响了整体教育效果。为此，高校应建立全员参与机制，加强各方之间的沟通与协调，同时也需要制定明确的顶层设计，由高层领导提供统筹规划与政策支持，以推动实践教育体系的有序发展。只有这样，才能真正实现高校实践育人的目标，为共同富裕的实现贡献力量。

四、高校实践教育形式缺乏持续创新，且相关内容评价机制滞后

在高校开展实践育人的过程中，存在形式单一及相关内容评价机制滞后的问题。首先，高校实践教育的内容和形式相对滞后于社会发展的需求。

---

① 习近平．坚持中国特色社会主义发展道路 培养德智体美劳全面发展的社会主义建设者和接班人［N］．人民日报，2018-09-11（1）．

随着科技、产业和社会结构的变革，专业领域不断涌现新的需求和挑战。然而，一些高校的实践教育体系仍然倚重传统的实习、实训形式，未能及时更新教育内容和方法，导致学生在面对新兴领域时显得力不从心。其次，实践教育的评价机制相对滞后，未能有效反映学生综合实践能力的发展。目前一些高校还主要依赖传统的考试、论文评价体系，对实践活动的考核相对单一。这使得学生可能更偏向于应付考核，而非真正投入到实践中去，提升自身解决实际问题的能力。此外，高校内部对于实践教育的组织和推动机制也亟待优化。一些高校缺乏有效的激励机制来鼓励教师参与实践教育，导致教师在实践育人方面投入不足。同时，学校管理层在实践教育的顶层设计和资源投入上也需要更具前瞻性和灵活性。最后，实践教育与产业、社会需求之间的衔接仍有待加强。高校与行业、社会的合作机制不够灵活，导致实践活动与实际职业要求之间脱节，学生在校期间获得的实践经验与毕业后所面临的实际工作环境存在差距。要解决这一问题，高校需要加强实践教育内容和形式的创新，借鉴先进的教育理念和技术手段提升教育质量。同时，评价机制也需从单一的考试评价向更多元化、综合化的评价方式转变，以全面了解学生的实践能力。同时，高校内部也应建立起更灵活高效的激励机制，鼓励教师参与到实践教育中，提升教育质量。最重要的是，高校应加强与产业、社会的交流与合作，紧密结合实际需求，为学生提供更为实用的实践教育体验，培养出更具实际应用能力的人才。

第五章　共同富裕视域下高校实践育人体系建设的基本原则

第一节　主体性原则

一、共同富裕视域下高校实践育人体系遵循主体性原则的要义

（一）共同富裕是马克思主义关于人的全面发展的内在要求和必然结果

马克思指出，人的全面发展受所处历史阶段的生产关系和所有制结构的制约，资本主义国家难以实现人的全面发展，是因为在资本主义私有制条件下，劳动者或潜在劳动者的能力发展被动地受到社会分工的制约，而主宰社会分工秩序的是少数资本家，在这种情况下个人能力呈现出“异化”和“片面”的发展状态。新中国是在马克思列宁主义、毛泽东思想、邓小平理论、“三个代表”重要思想和习近平新时代中国特色社会主义思想的指引下建立、发展和壮大起来的社会主义国家，历史唯物主义深刻揭示了社会主义的本质特征是人民当家作主，人民群众是人类社会发展的主体，是社会物质财富、精神财富的创造者和社会变革的推动者，因此从历史主体和新中国成立与发展的理论和实践来看，共同富裕的建设主体是全体人民，目标是实现全体人民的共同富裕，所以，共同富裕是马克思主义关于人的全面发展的内在要求。

马克思从分析现实的人和现实的生产关系入手，对人的全面发展的内涵作出了全面分析和界定。马克思关于人的全面发展理论中的“全面”有三层含义，第一层含义是个人全面，指人的体力、智力、才能、志趣和道德品质等各个方面的发展；第二层含义是自由，指人在不妨碍他人自由全面发展的前提下遵从个人兴趣、意愿自由发展和从事各种社会活动；第三层含义是全体或每一个人，指全社会每一个人的全面发展而不是单个人和少部分人的发展。从马克思关于人的全面发展的三层含义可以得到以下三个方面启示：第一，如果一个人实现了真正的全面发展，他可以为经济社

会发展提供所需的高质量生产要素，即德智体美劳全面发展的劳动力和人力资本，高质量的劳动力和人力资本不仅可以创造出自身再生产所需要的物质财富和精神财富，还可以创造出他人和社会所需要的物质财富和精神财富。第二，当一个人真正实现了全面发展之后，他会在知识学习与创造、道德情操培养等方面对周围的人产生积极影响，从而有利于和谐社会的构建。第三，当全体人民真正实现了人的全面发展，共同富裕社会形态会自然形成，国家和社会的物质财富和精神财富也会极大丰富。因此，共同富裕是人的全面发展的必然结果。

（二）共同富裕是人的全面发展的重要保障

首先，从人的全面发展的内涵来看。人的全面发展包括智力、体力、才能、情趣和道德等各方面的发展，每一个方面的发展都需要一定的物质投入作为保障，这些物质投入一般有三个来源：第一个来源是政府公共服务投入，包括基本医疗、教育、体育、文化、环保等方面的公共支出；第二个来源是个人或家庭的投入，如非义务教育阶段的教育服务、家庭成员的文体和健康等方面的支出；第三个来源是社会投入，包括社会慈善捐赠、企事业单位和团体对员工的教育培训和各类保障等支出。在上述人的发展的投入中，政府和家庭的投入占主体，因此这两项也是人的全面发展的重要基础，而贫富差距过大会严重影响人的全面发展的投入基础，这是因为：当贫富差距过大时，家庭在成员的智力、体力、情趣、道德等方面的支出差距过大。根据恩格尔定律，一个家庭的收入越低，其用于购买食物支出的比例就越高；反之，收入越高的家庭，食物支出在其总支出中的比例越低。也就是说，低收入家庭主要将收入用于需求收入弹性较低的体力恢复等方面的支出，而在需求收入弹性较高的智力、教育、情趣、道德等方面的投入比例较低，导致低收入群体消费支出单一化程度高而多样化程度低，个人的全面发展因此难以实现，全体社会成员的全面发展也无法实现。

其次，从人的全面发展和人的需求层次来看。马克思和恩格斯把人的全面发展和人的需要联系起来并将人的需要分为自然需求、精神需求和社会需求三种，自然需求是指为满足生存而产生的需求，精神需求是指人的道德情操等方面的需求，社会需求是人的归属、被尊重等方面的需求。著名心理学家马斯洛把人的需求层次从低到高分为生理需求、安全需求、归属需求、尊重需求和自我实现需求，这与马克思关于人的需求理论不谋而合。马克思还指出需求的满足是人的全面发展的逻辑前提，人的全面发展是建立在从低级到高级需求被满足基础之上的，如果只有自然需求被满足而精神需求和社会需求没有得到满足，人的全面发展将无法实现。当贫富差距过大时，收入较低的一部分人的大部分收入仅用于满足物质需求，无法有更多剩余满足社会需求和精神需求，人的全面发展也就无法实现。因此从人的需求层次来看，只有在共同富裕的社会状态下全体人民的全面发展才有保障。

基于上述分析，在共同富裕视域下，高校所构建的实践育人体系最终要遵循学生这一主体性原则，且实践育人的目标、培育方式、课程结构都要指向学生的全面发展。

二、高校实践育人体系遵循主体性原则的意义和路径

（一）实践育人遵循主体性原则的意义

实践育人体系的主体上包括自我教育与教育他人。从其内涵上看，它包含了三个层面的意思：一是为谁育人？二是育什么样的人？三是通过什么途径育人？而这三个问题又是辩证统一、不可分割的。为谁育人，决定了育人的目的和要求，也就决定了育什么样的人的性质和特点或是人才标准，同时也决定了育人的理念和方式方法。“育什么样的人”和“通过什么途径育人”从根本上说，是在“为谁育人”服务。在阶级社会里，无论社会怎么发展，育人都具有鲜明的阶级性，都是为统治阶级服务的，它不是单纯地为提升人的素质、促进人的发展，而是着力于培养统治阶级的接班人，为了服务和满足于统治阶级统治的需要。在阶级社会，占统治地位的剥削阶级通过各种方式的教育，传播其倡导的政治思想和价值观，为了满足少数人的政治要求，容易导致人的独立性乃至整个人性的丧失。以马克思主义为指导思想的社会主义不同于阶级社会，它旨在消灭阶级，没有阶级差别和阶级斗争，对人的培养不是为少数人服务，而是为广大人民群众服务，是以人为中心、以人的自由全面发展为目的的。马克思在《共产党宣言》里指出：“代替那存在着阶级和阶级对立的资产阶级旧社会的，将是这样一个联合体，在那里，每个人的自由发展是一切人的自由发展的条件。”因此，要实现主体的全面自由发展，必须坚持以人为中心，不是以人的独立性乃至整个人性的丧失为代价，而是“使人真正成为人”。我国作为社会主义国家就要以培养社会主义合格建设者和可靠接班人为根本任务，通过思想政治教育确保人才培养的正确方向，避免他们走邪路歪路。习近平同志指出：“思想政治工作从根本上说是做人的工作，必须围绕学生、关照学生、服务学生，不断提高学生思想水平、政治觉悟、道德品质、文化

素养，让学生成为德才兼备、全面发展的人才。”实践育人是育人方式中的一种，它是以实践为途径，使人在改造客观世界的同时改造主观世界，进而提高人的认识水平，满足人们在生产、社会交往、精神生活中的需求，最终实现人的全面发展。

高校思想政治工作关系到“培养什么人、如何培养人及为谁培养人”这个根本问题，实践育人是高校思想政治工作的重要环节。中共中央、国务院《关于加强和改进新形势下高校思想政治工作的意见》中指出：“坚持全员全过程全方位育人。把思想价值引领贯穿教育教学全过程和各环节，形成教书育人、科研育人、实践育人、管理育人、服务育人、文化育人、组织育人长效机制。”“坚持遵循教育规律、思想政治工作规律、学生成长规律。把握师生思想特点和发展需求，注重理论教育和实践活动相结合、普遍要求和分类指导相结合，提高工作科学化精细化水平。”

为准确理解高校实践育人，可以从其实质、根本进行梳理。

（1）高校实践育人的实质。高校实践育人的实质就是引导青年学生走与实践相结合的正确成长道路。从质的规定性看，高校实践育人包含三个层面的意思。一是理论与实践的结合。青年学生在学校的主要任务是学习和掌握系统的科学理论知识，但检验学习的成效就需要将这些理论知识付诸实践，在实践中加以应用。要运用所学的知识帮助解决一些现实的问题、生产劳动中的问题或技术攻关的问题。因此，把理论付诸实践，这是青年学生最重要的成才道路。二是脑力劳动与体力劳动相结合。劳动的形态主要分为体力和脑力两种。接受高等教育的青年学生，其主要是作为脑力劳动者参与实践，青年学生要把自己的学习成果、研究成果转变为物质成果。要把理论知识变为现实，就必须经过脑力劳动和体力劳动的结合，把学习掌握的科学知识转化为工人、农民和其他体力劳动者的生产实践，使理论对象化或脑力劳动成果对象化，从而实现个人价值和社会价值的有机统一。三是青年学生与劳动人民相结合。青年学生长期以来的活动轨迹是从学校到学校，接触最多的是学校里的老师和同学，对社会了解不深，与广大人民群众的感情不够。作为社会主义的合格建设者和可靠接班人，青年学生要树立正确的群众观、劳动观和利益观，要通过社会实践接触群众、接触人民、了解人民，更要熟悉人民，着力培养自己和广大人民群众的深厚感情，切实转变自己的立场、观点，牢记和践行党倡导的全心全意为人民服务的宗旨，把自己培养成为人民需要的青年知识分子，为人民的利益而奋斗，真正实现学习理论知识与加强思想修养的统一、实现自身价值与服务祖国人民的统一、树立远大抱负与脚踏实地艰苦奋斗的统一，成为党和国家、人民所需要的人才。我们党内的一些优秀领导人，像毛泽东、周恩来、邓小平、习近平等都用自身的成才经历证明了走与实践、与群众相结合的成长道路的必要性。

（2）高校实践育人从根本上讲，就是培养具有社会责任感、创新精神和实践能力的人才，培养德智体美劳全面发展的社会主义建设者和接班人。高校的立身之本是立德树人。究竟应该立什么样的德、树什么样的人？对当今中国而言，目前最需要培养的就是具有高度社会责任感、强烈创新精神和突出实践能力，忠于祖国、忠于人民的人。这样的人才仅靠大学校园、课堂是培养不出来的，实践教育正是解决这一问题的有效途径。因此，高校一定要把课堂理论教学和实践教学、学校培养和社会培养紧密结合起来，引导和支持青年学生参与社会实践，让青年学生在实践中感受国家和民族的巨大变化和伟大飞跃，在实践中感受我国取得巨大成就的曲折和艰辛，在实践中感受肩负的历史使命和责任担当，在实践中锻造优秀品格、激发青春活力，在实践中坚定道路自信、理论自信、制度自信、文化自信，通过实践真正引领青年学生自觉成才、健康成长。

（二）实践育人遵循主体性的路径

高校要实现实践育人的主体性目的，重点要做到四个结合：

一是德育要与智育、体育、美育相结合。实践育人不仅仅是培养青年学生的道德品质、社会责任感和创新精神等，还要与智育、体育、美育相结合。马克思曾经说过："生产劳动同智育和体育相结合，它不仅是提高社会生产的一种方法，而且是造就全面发展的人的唯一方法。"① 俗话说"书到用时方恨少"，意思就是实践对一个人知识掌握的广度和深度的检验。青年学生只有在实践中才能感觉到自己的不足，才能感觉到社会需要青年学生更好地掌握理论知识和现代科学技术，需要不断地进行创新和应用；同时，青年学生在实践活动中还要重视身体锻炼，通过实践活动培养自身坚强的意志和良好的品质。另外，爱美是人的天性，也是人的追求。正如马克思在《1844 年经济学哲学手稿》中告诉我们的："人也是按照美的规律来建造。"人是按照审美要求来创造世界，并创造自己的。人不是容器，从某种意义上说，青年学生的实践教育不是理性义务，而是审美鉴赏，他们只有在愉悦的审美感受中才会产生接受教育的兴趣，才会勃发接受教育的冲

---

① 中共中央马克思恩格斯列宁斯大林著作编译局．马克思恩格斯全集：第 23 卷［M］．北京：人民出版社，1972：530.

动，只有与美的追求相融合才能体悟到接受实践教育是一种享受。因此，在实践育人过程中，青年学生得到的应该是美的体验、美的满足、美的创造，形成审美情绪的积蕴，进而转化或上升为思想感情的高尚境界。马克思曾经说过，“一种美好的心情比十服良药更能解除生理上的疲惫与痛楚”。审美情趣是人心灵净化与思想提升中的催化剂，愉悦感对人的思想心理的矫正与激励都具有巨大的作用。高校实践育人应该力求与真善美的融合，让青年学生在实践教育中感受到一种精神享受，而不能让实践活动成为一种思想负担。因此，高校实践育人应该成为德育、智育、体育、美育四位一体的育人过程。

二是要与受教育、长才干、作贡献相结合。高校实践育人还是一个与受教育、长才干、作贡献相结合的过程。受教育，就是让青年学生通过社会实践接受教育，既要接受实践的教育，也要接受人民的教育。毛泽东同志曾经说过，青年学生“既要读有字之书，又要读无字之书”。“有字之书”指的是教材上的理论知识，“无字之书”指的就是社会实践。青年学生不仅要学好教材上的理论知识，更重要的是注重实践的应用，在实践过程中既接受教育，又锻炼才干，努力为国家和社会作出自己应有的贡献。只有把这三者结合起来，掌握知识、增长才干、服务社会、造福人民、实现价值，才能真正成为国家和社会需要的人才，最终实现个人价值与社会价值的统一。

三是教育要与经济、科技相结合。从更高的层面来看，实践育人的过程还是经济、科技与教育相结合的过程，也是产学研用相结合的过程。实践教育不仅起着育人的作用，还起到促进经济、科技和社会发展的作用。教育和经济、科技的结合是我国高等教育改革的根本方向，也是经济发展的根本方向。党和国家早已提出，实施科教兴国战略就是要把经济建设转移到依靠科技进步和提高劳动者素质的轨道上来。其中之义就是要实现经济、科技与教育相结合，这不仅是国家发展的需要，也是青年学生成长的需要。

四是促进个人成长要与促进社会发展相结合。实践育人的三个结合最终归结为一个结合，即促进个人成长与促进社会发展相结合。实践活动既是青年学生通过参与社会实践积极推动社会进步与发展的过程，也是青年学生走进社会、认识社会、了解社会，真正了解世情党情国情民情的有效途径。在实践过程中，青年学生强化社会责任意识、规则意识、奉献意识，不断认识规律，从而实现自我净化、自我完善、自我革新、自我提高。实践育人不仅关系到青年学生成长成才的道路选择，还关系到我们国家和社会能不能全面协调可持续发展的现实问题。因为，青年学生参加社会实践活动既是生产新的物质产品的过程，也是培育人的新的品质、造就社会新人的过程。

从我国高校的现实情况看，高校实践育人主要通过与五个方面的结合来提高育人的效果，即与专业学习相结合、与勤工助学相结合、与服务社会相结合、与择业就业相结合、与创新创业相结合等，具体形式主要有生产劳动、科学实验、教学实习、军政训练、勤工助学、义务支教、志愿服务、创新创业、挂职锻炼、生存训练等等。高校通过运用多种实践育人方式，始终坚持五个结合，使实践与育人有机结合起来，不断提高高校实践育人的成效。青年学生通过实践教育，在实践活动中参与、感受、领悟，真正在实践中成长成才。

总之，高校实践育人就是以马克思主义实践观为指导，遵循思想政治教育规律和大学生成长规律，立足学生实际，组织和引导大学生参加社会实践，旨在培养具有社会责任感、创新精神和实践能力的全面发展的人才的教育活动。它代表的是一种新的思维方式、新的教育观和新的育人模式。实践既不是教育的一个环节或补充，也不是理论的延伸或运用，而是教育本身具有的内在属性。

第二节　目标性原则

一、共同富裕视域下高校实践育人体系遵循目标性原则的要义

目标就是我们常说的主体对客体所需要达成的期望和结果。现代管理学中一个重要概念就是目标管理，被较为广泛地运用于现代企业管理之中，并取得了很大的成效。高校的实践育人可以借鉴企业通过目标价值理论来指导管理的方法，在教学和各种活动中分级别、分层次地确立实践育人目标，让管理者、教师和大学生都能在实践教学活动中获取技能、知识和觉悟，从而实现个人的全面发展和素质提升。

从另一层面来说，“培养什么人”是教育实践的首要问题，即要达成什么样的目标。而“培养德智体美劳全面发展的担当民族复兴大任的时代新人”是新时代高校人才培养的核心目标。“培养时代新人”理所应当是新时代高校实践育人体系构建中最首要、最直接、最现实的指向。高校实践育

人工作要始终把重心和目标落在时代新人的培养效果上，以适应时代发展、社会进步和满足个人成长为宗旨，进一步全面统筹整合高校办学治校中的育人资源和力量，补齐育人短板、填充育人间隙、拓展育人空间，建立健全针对大学生成长阶段性特征、发挥高校宽口径育人主体作用、贯通高校党政群团学系统的高质量实践育人体系，培育更多更优的社会主义建设者和接班人。

此外，贯彻落实立德树人这一根本目标对引领新时代教育事业高质量发展具有关键性、根本性作用。构建实践育人工作体系必须以建立健全立德树人机制体制为工作目标和改革方向，把立德树人的成效作为检验工作进展的根本标准，一如既往地推进高校立德树人工作落地生根。在具体实践中，要充分立足“十大育人”体系，以立德树人根本任务为统领，长远着眼、统筹联动、综合治理、精准施策，进一步融合育人要素、贴近育人对象，创新育人模式、强化内涵建设、满足育人诉求，逐步完善科学性、长效性、常态化的育人工作机制，确保高校立德树人工作落在实处、成效凸显。

二、高校实践育人体系建构中目标性原则的主要内容

（一）坚持正确政治方向是强化高校实践育人实效的根本保证

2021 年 9 月，习近平总书记在中央人才工作会议上强调，做好人才工作必须坚持正确政治方向。这为新时代高校实践育人工作高质量发展指明了根本方向。我国是中国共产党领导下的社会主义国家，这就决定了我国高校学生工作必须旗帜鲜明地坚持社会主义办学方向，坚持党的领导和马克思主义理论的指导地位，确保高校学生实践培育工作始终做到“为党育人、为国育才”，这是强化高校实践育人体系实效性的根本保证。高校通过加强马克思主义理论、党史国史及社会主义核心价值观的教育，使大学生坚定马克思主义理想信念，深怀爱党之心、爱国之心和爱民之心，形成正确的政治信仰、政治立场、政治观点和价值观念，始终做到从思想上、行动上真正拥护中国共产党领导及中国特色社会主义制度，树立终身为中国特色社会主义事业奋斗的志向，并随时准备为中国特色社会主义事业牺牲一切。总之，我国高校的实践育人工作务必坚定正确的政治立场，所有实践教学活动务必一直沿着正确的政治方向砥砺奋进，完成为党和国家培养有用人才的伟大使命。

（二）实现学生全面发展是强化高校实践育人实效的核心内容

2021 年 4 月，习近平总书记在清华大学考察时强调，我国社会主义

教育就是要培养德智体美劳全面发展的社会主义建设者和接班人。这为我国高校实践教学工作高质量发展规定了核心内容。2021年是“十四五”规划的开局之年，我国开启全面建设社会主义现代化国家新征程。国家对高素质人才的需要，比先前所有时期都更为迫切。立足于满足国家伟大事业发展的需要，立足于实现学生全面发展的需要，培养出一批批德智体美劳全面发展的高素质人才，这是强化高校实践育人工作实效的核心内容。高校通过加强德智体美劳教育，切实提高大学生思想道德修养和明辨是非曲直的能力，促成大学生发展智力、掌握知识技能，帮助大学生享受体育锻炼以达到增强体质、健全人格、锤炼意志的目标，帮助大学生提升审美素养并培育正确的审美观，引导大学生形成尊重劳动、崇尚劳动的品格并树立正确的劳动观，从而实现大学生德智体美劳的全面发展。总之，我国高校学生工作要紧扣培养合格的社会主义建设者和接班人这个根本目标，实现学生全面发展，使大学生能够担当中华民族复兴的时代大任。

（三）坚持以学生为中心是强化高校实践育人工作实效的重要理念

新时代，我国高校要实现高质量发展必须坚持以学生为中心的理念。根据高校教学规律和大学生成长、学习、成才规律，尊重和利用个体差异性，使大学生的主体性作用得到充分发挥，从而达到强化高校实践育人实效的目的。大学生是高校学生工作的教育对象，是高校德智体美劳教育知识的汲取者，他们风华正茂、思维活跃、富有创造性，充分发挥大学生的主体性作用有利于更好地达到育人目标。大学生的世界观、人生观、价值观、政治观、道德观、知识观、审美观以及劳动观等都尚未成熟，且正处在重要的形成阶段，他们的身体情况、心理状态、情感需求、性格特点、道德状况以及智力发展情况等都各不相同，高校应多采取问卷调查、沟通交流等方式全面了解大学生的真实状况，并根据不同的情况有针对性地为大学生提供差异化的生活学习环境，从而有效增强高校实践育人工作的实效性。总之，我国高校实践育人体系的构建必须坚定不移地贯彻以学生为中心的理念，确保大学生的主体性和差异性都能得到充分尊重和发展，使高校学生工作育人实效得到强化，从而最终实现高校高质量发展的目标。

第三节　系统性原则

一、共同富裕视域下高校实践育人体系遵循系统性原则的要义

高校的实践育人教育应遵循系统性原则，在高校开展实践育人活动，

不仅需要校内外众多单位和部门的配合，还需要广大师生的参加，要达成多方面的协调只有坚持系统性原则。高校实践育人是一项系统性工作，各个实践环节和部门之间是密不可分的，其组织和运行统一在一个总的大循环中，使没有秩序的、零散的工作环节形成一种系统化的实践教学活动。教育工作者在教育教学工作中要秉承科学严谨的态度来运行组织机制，要遵循系统论的原则，形成统一领导和各个部门分工合作的工作机制。

高校实践育人是一个系统工程，它由动力机制、运行机制、保障机制、组织机制、评价机制和反馈机制等许多子系统构成，并且实践教育的组织者还包括高校、政府、社会组织、企事业、家庭等众多成员单位。无论是青年学生这一实践主体还是组织主体，都要围绕人才培养这个核心目标任务，调动一切可用的实践资源有程序、有步骤地系统运行。

此外，高校实践育人要遵循系统性原则是因为其建设体系由硬环境与软环境两个部分组成。硬环境主要是指高校实践育人活动过程中涉及的平台、场所或基地等支撑条件；软环境主要是指外部宏观政策、教育环境、理念认识、文化氛围等。例如，当前国内外形势正在发生深刻复杂变化，从国际环境看，当今世界局势复杂多变，多元文化对主流价值观形成强大的冲击，市场竞争、科技竞争、人才竞争、文化交锋更加激烈；从国内环境看，我国发展进入新的战略机遇期，政治、经济、文化、社会和生态文明都发生了历史性变革，在取得巨大成就的同时也存在着许多短板和不足，社会主要矛盾发生新的变化，党和国家要在继续推动发展的基础上，全面深化改革，补短板强弱项，以满足人民日益增长的对美好生活的需要和向往，不断促进人的全面发展和社会全面进步。面对国家和社会发展的新形势和新要求，高校与社会发展的联系日益紧密，高等教育的社会服务职能日益彰显，这就意味着国家和社会对高校人才培养质量提出了更高的要求，人才培养质量提升刻不容缓。高等教育发展的内外部环境发生的重大变化，给现有的高校育人模式带来新的挑战与机遇。为适应当前社会对人才的需求，高校实践育人应更加注重系统性原则，在教育中注重思想价值引领作用和市场对人才的需求导向作用，强调专业技术知识与职业发展知识的学习，更加注重学生实践能力的培养和社会主义核心价值观的培育和践行，让青年学生在实践教育中更加坚定“四个自信”，对国家和民族的未来更加充满希望，从而不断更新高校实践育人理念，构建起遵循个性化人才成长规律与大学生思想道德形成规律的实践育人新模式。

二、高校实践育人体系遵循系统性原则的路径

教育是劳动力再生产的手段。马克思主义认为，社会再生产中包括了劳动力再生产，教育是劳动力再生产的手段。“要改变一般的人的本性，使它获得一定劳动部门的技能和技巧，成为发达的和专门的劳动力，就要有一定的教育和训练。”① 从第一次工业革命开始，每一次人类社会生产力的巨大飞跃，必然伴随劳动力水平的显著提升，必然伴随教育的巨大发展与进步。早在20世纪60年代知识经济开启的时代，教育对经济增长的贡献度就已经达到33%。如今，人类社会正在迈向数字经济、网络经济、创新经济、绿色经济时代，教育通过提升人力资本促进经济增长与社会发展的贡献度会越来越高。

新发展阶段的教育既是持续“做大蛋糕”的充分条件，又是必要条件。改革开放四十多年来，教育的改革与进步为中国成为世界工厂、全球制造业大国提供了源源不断的合格劳动力和坚实的智力支撑。迈向追求共同富裕的新阶段，是一个从世界工厂、制造业大国迈向制造业强国、创新强国的新阶段，是一个从世界产业链中低端迈向高端的新阶段，是一个发展动力从要素驱动、效率驱动向创新驱动转变的新阶段。人力资本红利、工程师红利将是我们迈向新发展阶段的最关键要素。在这样一个新发展阶段，不断提升人力资本水平是有效促进社会阶层流动、扩大中等收入群体、实现共同富裕的根本途径。教育特别是世界一流的高等教育成为综合国力的支柱之一，是我们有效应对人口老龄化、成功跨越中等收入陷阱、持续“做大蛋糕”的充分必要条件。

通过教育进行人力资本投资，是实现公平、共享发展成果和共同富裕的关键变量。与其他资本要素如物质资本、组织资本、文化资本、社会资本、家庭资本相比，人力资本之间的差距更容易通过教育进行弥补与缩小。绝大部分人先天的脑力与体力的差异可以通过系统的教育和培训得到弥补，即使部分残障人士也完全可以通过特殊教育、全纳教育、融合教育不断提高其工作能力和生活质量。在迈向共同富裕的新阶段，人力资本投资是一个具有巨大潜力且可以实现共同富裕的关键变量。通过教育开发并积累包括身体素质、知识能力、情感态度在内的多层次的人力资本，可以全面、快速提高国民综合素质。

---

① 中共中央马克思恩格斯列宁斯大林著作编译局．马克思恩格斯全集：第23卷［M］．北京：人民出版社，1972：195.

基于上述分析，高校在遵循实践育人系统性原则时需要进行顶层设计，这是对实践育人运行机制的总体布局，既是推进实践育人工作的依据，也是改进和完善实践育人工作的着力点。从学校层面，要在正确的实践育人观引领下，结合自身办学实际，科学规划，合理布局，营造良好的实践育人氛围；整合资源，合理配置，使实践育人相关资源发挥最大效力，形成教育合力。做好顶层设计应着力把握“模块化、项目化、全员化、全程化、社会化”的原则。模块化是从大学生品德培养、能力提高、素质拓展、社会认同的需要出发，依托现有校内外各种社会实践资源，在某一特定实践机制的统领下，设计出一系列主题之间既相互联系又各自独立、形式新颖、内容丰富、特色鲜明、吸引力强的实践活动“模块群”。在模块化基础之上，通过学生自主申报实践项目，实现任务分解，便于实践育人工作的推进与评价考核。鼓励思想政治理论课教师、党政管理人员、专业课教师、各行业专家与社会知名人士等加入到大思政教育格局中来，丰富实践育人导师队伍。打破时间、行业界限，鼓励学生灵活利用课内外时间开展实践活动，真正践行全员育人、全过程育人、全方位育人的要求。

第四节　开放性原则

一、共同富裕视域下高校实践育人体系遵循开放性原则的要义

开放性原则作用于大学生的实践育人活动，不单单是高校对外开放的内在需要，更是高校进行实践活动的需要。坚持开放性原则，要求高校的实践育人在实践上和形式上与社会保持高度的联系。与此同时，高校也要将实践育人所取得的相关成果与其他各大高校进行交流，促进相互学习。可以通过开展实践教育访谈、典型交流会和讲座等形式实现优势资源共享，促进高校实践育人活动的发展和推进。此外，开放性原则的使用能使各种实践育人资源得到最佳开发与综合运用。开放，既是对全体学生开放，让更多的学生在实践过程中受益，也是对学生实践方式与实践内容有选择地开放；同时还是对符合规定要求的参与单位的开放，以尽可能吸引社会资源，加强实践平台建设，增加经费投人，共享实践教育成果，不断提升机制运行的育人效能和社会效能，实现多方共赢。高校实践育人机制的开放性，有利于保证实践育人内容的丰富性、教育目标的全面性和教育方法的弹性，为实践育人体系赢得最大限度的教育空间。

开放是高等教育的发展趋势，也是实践育人体系建构的必然要求。开放发展注重的是解决大学生思想政治教育发展内外联动的问题。当今时代，国际化已成为世界发展的现实趋势和客观的历史进程，经济全球化、教育国际化发展迅速，社会开放程度越来越高。这既给大学生思想政治教育带来更加开放的发展环境，也给思想政治教育带来了更为严峻的挑战。高校要以开放包容的姿态，形成实践育人开放机制。因此，用开放理念提升高校实践育人质量应认真思考三个要求：一是要有开放的视野。无论是实践育人组织主体还是实践主体都应具备国际视野，关注国际经济社会形势和思想动态发展，比较借鉴国外先进的成功经验。二是要有开放的学科视域。不能囿于单一的思想政治教育学科，要以问题为导向，吸收和借鉴多学科理论和研究成果，积极探索跨学科或学科交叉的研究范式，不断引领高校实践育人质量提升。三是要具备开放的心态。高校实践育人不是一个闭合系统，而是一个以人才培养为核心的开放系统；它不是学校内部之间的资源循环，而是外向开放的教育体系。无论是教学实习、科研实验、社会实践还是创新创业，都需要实践育人组织主体加强与外部环境的联系，甚至加强国际合作。因此，要借助政府、企事业单位、学校、家庭、社会等多方力量，平等参与、充分协商，共同推动高校实践育人的机制构建和平台建设。同时，在实践过程中要有宽容失败、允许试错的心态，不断调动实践主体的积极性、主动性和创新性，让实践主体的个性得以养成和彰显，这也是马克思主义关于人的发展的终极关怀所在。需要注意的是，开放中必须有坚守，具备国际视野但要牢记育人使命，具备跨学科视野但要明确学科边界，具备开放心态但要厘清职责分工。只有这样，才能真正建立起具有世界眼光、中国情怀、时代特征的高校实践育人工作体系。

二、高校实践育人体系遵循开放性原则的路径

高校实践育人体系不仅是一个复杂系统，也是一个开放系统。高校实践育人运行机制的开放性主要体现在两个方面。一是机制内部的开放性。它要求高校与政府、社会组织、企事业单位、科研院所、家庭、实践主体等实践教育参与方进行沟通与交流。比如，社会和实践单位对实践主体的素质要求、实践主体对实践内容和实践平台的期待、政府对实践教育的政策环境要求等。高校实践育人运行系统通过接收各种信息，根据是否有助于人才培养的原则进行加工整理，然后向相关各方输出有用信息，推动实践育人运行向有序化方向发展。二是机制内部各系统对机制外部资源的开

放性。高校实践育人运行机制内部各系统，向机制外部的潜在实践资源持开放的态度。高校欢迎社会上更多的潜在实践资源参与到实践育人的系统中来，构建更大的共享平台和创建更多的共享机制，让更多的实践主体受益，让更多的人才、平台和成果实现共享，构建范围更大、参与面更广的实践育人共同体。

此外，从教育发展趋势看，国际化是当前高校实践育人体系遵循开放性原则的必然趋势。这里国际化既指师资队伍的国际化，也包括学生间的国际交流，还有学科建设和科学研究的国际合作。国际化的目的是汲取或借鉴发达国家先进的教育经验和科学研究成果，以促进人才培养质量的提升。在高等教育国际化的发展趋势下，高校实践育人必须树立实践教育开放化、国际化的理念，要以更加开放的胸怀和国际视野搭建更好的平台，在实践育人的过程中彰显“四个自信”，在国际交流中凸显我们的话语权，用我们的先进理论阐述思想，用我们的厚实文化融合一切。有人说过“只有出国才知道什么是爱国”，其实就是表达了更多的人会在国际交流的实践活动中，通过国内外的比较感受到更强的归属感和自豪感，这就需要我们准确把握实践育人的最终价值导向，将开放交流与育人工作有机结合起来，避免教学、育人“两张皮”，要在国际化教育过程中充分利用优质资源，注重育人与实践环节的有机结合，让青年学生在国际交流的实践过程中坚定自信、增强自信，从而实现培养优秀人才的目的。

第五节　协同性原则

一、共同富裕视域下高校实践育人体系遵循协同性原则的要义

协同理论（Synergy Theory）发端于 20 世纪 70 年代，是由德国著名理论物理学家赫尔曼·哈肯（Hermann Haken）创立的系统科学的一项重要分支理论。哈肯认为，“协同学即‘协调合作之学’，旨在发现结构赖以形成的普遍规律”。其基本思想主要包含协同效应、“伺服”原理和自组织原理，旨在研究系统从无序到有序的过程，发掘系统组织的最佳状态和功能。其中，协同效应是指复杂开放系统中的各个子系统因相互协同而产生“1+1>2”的整体效果。“伺服”原理也称为支配原理，即“序参数（序参量）支配各个部分。序参数（序参量）好似一个木偶戏的牵线人，他让木偶们跳起舞来，而木偶们反过来也对他起影响，制约着他。支配原理在协

同学中起着核心作用”①。序参量是协同理论中最重要的一个概念。所谓序参量是指在系统演化过程中通过变化引起新结构形成的某个参量，它代表着系统的“序”或状态，起着支配各子系统、主宰系统整体演化发展的作用。自组织原理则指系统在没有外部指令的环境下，内部子系统之间按照某种既定的规则自动形成某种结构或功能，使自身得到不断优化的过程。

协同理论尽管是一门新兴的科学，但已被广泛应用于自然科学和社会科学领域，它使复杂系统内部各个子系统和系统内各要素为实现共同的目标而形成时间、空间和功能上的有序结构，进而提高工作成效；其跨学科的研究范式和研究方法为我们认识和研究事物提供了一种新的路径和可能。协同理论与高校实践育人机制的研究具有高度的契合性。高校实践育人是一个开放的系统，也是一项复杂的系统工程，存在着大量的非线性活动和无序状态，涉及的因素和变量较多，变量之间的关联性非常强，我们既需要协调高校内部部门之间的关系，也需要协调高校与政府、企事业单位、社会组织和家庭等之间的关系，需要紧紧围绕“立德树人”这个根本任务和“人才培养”这个目标，有效统筹高校内部相关教育资源，加强子系统之间的相互联动。然而，要实现这个目标，就需要构建科学的机制，要通过顶层设计、组织实施、评价反馈与优化提升来实现各方面资源力量的科学配置和有序运行，协同推进实践育人工作的深入开展。反之，高校如果没有构建起有效的实践育人机制予以保障，各子系统就有可能演变为无序的耗散结构，将不利于育人目标的最终实现。因此，高校实践育人机制研究应以协同理论为依据，运用协同的方法和范式来指导构建科学机制，确保高校实践育人的有效实施，不断提升高校实践育人的质量和科学化水平。

二、高校实践育人体系遵循协同性原则的路径

高校实践育人机制是一种体现高校育人理念、实现高校育人价值的具体运行模式。实践育人是一个系统，需要政府、学校、社会组织、企事业、家庭、学生等多方合作，需要最大限度地融合各方能力和教育资源，其主要特征是资源的优化配置和共建共享。因此，从高校实践育人自身而言，其先天带有强大的合力性。它将高校内部各种资源进行统筹协调、合理配置，形成一条党委领导、各单位负责、教师引导、学生主体参与的完整教育链，校内各部门资源共建共享，合理分工，实现精细化配合，同时注重

---

① 赫尔曼·哈肯. 协同学：大自然构成的奥秘［M］. 凌复华，译. 上海：上海译文出版社，2013：8.

协调理论教育与实践教育的平衡，注重实践教育中的行为管理和思想价值引领，通过校内形成的强大教育合力，积极推进大学生实践能力和核心价值观的培养，真正将社会主义核心价值观转化为实践主体的情感认同和行为习惯，最终实现内化于心、外化于行的教育理想状态。同时，通过学校之间、校地之间、校企之间的协同合作，学校搭建实践育人的基地平台，实现人才素质结构要求上的即时反馈，促进平台、人才和实践成果的共建共享，政府在其中可以充分发挥指导调节的重要作用，可以通过出台相应政策给予实践育人参与方有力支持，最终形成高校负总责、政府指导支持、社会各方积极参与的良好育人格局。

此外，推动资源优化合理分配，不断拓宽实践的层面和内容，注重社会和高校在资源利用方面的优势互补。在实践育人的活动层面上，应该结合高校自身的专业性，综合运用一切资源开展高校的实践育人活动，充分发挥教学和教师在育人方面的积极作用。对于实践内容的安排，要树立一个新的观念，即内容上要以服务社会为主，为社会发展和地方经济建设作出应有的贡献。在实践育人的组织方面，要做到课内与课外教育组合开展，坚持实践和社会服务相结合，以及日常的社会实践和假期的社会实践相结合、社会实践和生产实践相结合，从而使高校实践育人活动得到广泛认可。

为使学校实践育人活动井然有序地进行，必须建立一个有效的责任机制：第一是教师责任制度。社会实践应该被列入相关的课程计划之中，必须由相应的任课教师负责，将实践融入教学，为学生组织相关活动。同时在教育教学实践的过程中，为学生修正行为、加强引导和评定优劣，并将此作为教师工作的一部分。第二是领导问责机制。即高校的实践育人活动要有专门的领导负责，使实践育人工作顺利推进和开展。第三是要将社会实践活动纳入学生的学分体系。实践教学的成绩需要在学生最后的成绩单中有所反映，而且还要有一定的作用，这样在落实实践活动时，才不会使高校实践育人活动流于形式和表面，才能让实践变得更加丰富和有意义。

综合来说，高校在实践育人中，要始终坚持校内与校外相结合，建立科学的协调机制。积极协调整合校内资源，联动多方职能部门，大力投入软硬件设施，充分利用人力、物力、财力等资源；推动校企结合、校校结合、校政结合，拓展双方人力资源开发、载体建设与人才流动等多方面的合作空间或对口支援。同时在校内联合教学实践中心、科研实验室、各学院、行政机构，在校外联合创业扶持机构，整合资源，实现实践活动的科学合理运行。

第六节 发展性原则

一、共同富裕视域下高校实践育人体系遵循发展性原则的要义

高校实践育人机制并不是静态不变的，而是会根据外部环境和实践主体的变化，根据人才培养质量的要求进行动态调整。它会经历一个从初步构建到不断优化、不断成熟的发展过程，因此，高校实践育人机制不会满足于机制运行的规范性、稳定性、程序性、机械性，而会对运行过程中出现的矛盾、冲突、动变和创新作出灵敏的回应，解决运行过程中存在的作用发挥不平衡不充分的问题，表现出一定的灵活性和创新性。因此，高校实践育人机制应该具有强大的活性，即动态性，才能促进自身的可持续协调发展。

推动高校实践育人的力量是动态的，不管是内生的还是外生的，都会因时而进、因势而新。从内生力量看，主要指实践主体的内在发展需要。人的需要是具有发展性的。美国著名心理学家马斯洛说过："人是一种不断需要的动物，除了短暂的时间外，极少达到完全满足的状况，一个欲望满足后，往往又会迅速地被另一个欲望所占领。人几乎总是在希望着什么，这是贯穿人整个一生的特点。"①

人需要的不断变换与递升，是人与社会富有活力的表现。人"一旦满足了某一范围的需要，又会游离出、创造出新的需要"②，这是人性的本然。需要的层次与需要的实现方式都因人而异，随着科技的进步和经济社会的发展，人的需要将随之而变化。人的需要的动变会带来实践主体对高校实践教育的要求的变化。从外生力量看，高校实践活动的开展往往会受到国家和社会发展需要的影响，实践主题会随之发生变化；另外，随着科技的进步和国内外形势的变化，社会对高等教育人才培养的要求也会发生改变，这些变化都将直接影响高校实践育人工作的开展。

高校实践育人的内生动力来源于哪里？从实践主体的视角看，实践育人的内生动力逻辑起点在于人的未完成性，原生动力在于人的发展需要，

---

① 马斯洛. 马斯洛的智慧：马斯洛人本哲学解读［M］. 刘烨，编译. 北京：中国电影出版社，2005：27.

② 中共中央马克思恩格斯列宁斯大林著作编译局. 马克思恩格斯全集：第47卷［M］. 北京：人民出版社，1979：260.

最终目标在于理想人的生成，即真正解答好“培养什么人、如何培养人以及为谁培养人”这个根本问题。这三个部分不仅是高校实践育人主体的内生动力之源，而且从逻辑上有效构成了高校实践育人完整的内生动力链。

（一）人的未完成性是实践育人的逻辑起点

人是“具有未确定性的未完成性的存在物”。人始终是变量的存在，既是未完成体，具有不确定性，同时也具有无限的可能性；其本质是生成性的存在，需要自身的不断发展以实现完满。1972 年的联合国教科文报告《学会生存——教育世界的今天和明天》中认定人的非确定性是人的主要因素，并呼吁人们正视与尊重人的未完成性，“人永远不会变成一个成人，他的生存是一个无止境的完善过程和学习过程”。人和其他生物的主要不同点就是人的未完成性。正因为人是未完成体，具有不确定性，所以，一是谁都有非完善性；二是谁都有无限可能性，而人的魅力就在无限可能性之中；三是需要通过教育和实践来补偿人的非完善性；四是谁都有受教需要与受教可能。因此，个体需要在多元因素的塑造下争取赢得自我。个体对于已有的状态不能感到满足，而应当充分挖掘内在的巨大潜能，全力追求理想的自我，人的成长是外部刺激和内在需求共同驱动的，只有在有所制约和有所需求的情况下，个体才能够持续不断地发展。人的生成性的诱因是外刺激与内需要，有刺激有需要才会有生成、有创造。实践教育是一种外在的载体和刺激，它不仅是个体自身成长的内在需要，而且为个体的发展提供了可能和路径，进而使实然之人向应然之人发展，使人的或然变为定然，使人的不完整性向人的全面发展的完满性发展。由此可见，人的未完成性和无限可能性正是实践育人遵循发展性原则的逻辑起点。

（二）人的需要是实践育人的原生动力

人的需要是人的固有属性，也是人的本性。所谓人的需要，是人未能得到维持生存与发展自我的满足而产生的外向欲求与期望状态，是对自身生存与发展的条件性期望与理想性追求，表现为对外部世界的占有欲望与对未来的内在追求，产生于人对外部世界的依赖。“没有需要，就没有生产。”人的行为是受人的需要驱使的，人的内在需要是人的行为的直接动力，人的行为是围绕人的需要展开的，人的一切活动都是为了自身需要的满足。可见，人的需要才是社会活动的真正导演者。人总是生活在满怀需要与期望之中，都想从现实的此岸进入理想的彼岸，这是人们对生存与发展的自信，是人生的目标，也是一种精神信仰，人们总是以其对自身的美好期望去激励自己。人不会轻易放弃自身的殷切期望，即使只存一丝希望，也会转换为克服困难的巨大力量，为之奋斗不息。因此，人的需要是实践教育的原生动力，它驱动青年学生主动投身实践活动，在实践中提升自我、完善自我、发展自我，不断满足个体发展的内在需要。另一方面，高校实践教育又会使人进一步明白自己需要什么。它能让人进一步明确自己的人生目的或价值追求，还能使人进一步明白如何满足自己的需要或实现自己的理想。从思想政治教育者角度看，高校实践教育还有助于教育者了解当代大学生的主导性需要是什么，在不同的阶段青年学生的需要发生了怎样的变化，从而提升思想政治教育的科学性、针对性和实效性。因此，实践主体的需要才是高校实践育人的原生动力。

（三）理想人的生成是实践主体的共同愿景

人是双重存在，一是现实的我，二是理想的我。人多不满意于人之已然，都想成为理想的我，这是人的殷切期望与强烈追求，展现的是一种进取精神，是人的生存与发展的动力之源。高校思想政治教育的本质就是使人认识自身的实然，追求自身的应然，以应然人引领实然人，推动实是之人成为应是之人。从某种角度来说，“培养什么人、如何培养人以及为谁培养人”这个根本问题的全部内容可以概括为“人应怎样”，这是对思想政治教育者的要求，更是对青年学生的关怀。实践育人作为高校思想政治工作的重要组成部分，其实质就是通过实践活动推动青年学生从实是之人向应是之人发展。因为，实践育人从本质上说，育的是理想之人，即对国家、民族和社会有用之人，从马克思主义观点看即追求人的全面发展。人天生有一超越自我的追求，有一种理想自我的期望，有一种超越自我、超越社会的冲动，这是人的固有本性，也是社会向理想化方向发展的内在因素，更是高校思想政治教育成功的基础。理想人一般指相对意义上的完人，是在动态中生成的，既是人对自己理想未来的美好想象中的人，也是指相对于现实生活异化的“真正的人”“完整的人”，即真善美融合的人。实践教育其实是一种唤醒，唤醒人对自身现实的超越，其所追求的是人的解放、人的完善、人的全面发展，成为自己所期望的、社会所需要的理想人。这一愿景既是高校思想政治教育者的价值追求和教育信仰，也是受教育者自身的理想目标和努力方向，两者构成实践主体共同的内生动力。这一动力将决定高校实践育人活动的全部教育理念与教育行为。

二、高校实践育人体系遵循发展性原则的路径

高校实践育人是一个内外互动的体系，虽然实践主体的内生动力是根

本，但也直接受到外在因素的影响，既有国家和社会发展需要的影响，也有高校自身发展需要的影响。这些因素都对高校人才培养提出了更高的、更明确的要求，而这些要求也就构成了高校实践育人的外生动力。从高校实践育人组织主体的视角看，其外生动力主要在于高校育人机制的创新发展、人才供给结构优化和高校思想政治教育的使命担当。

党的十九大报告强调："建设教育强国是中华民族伟大复兴的基础工程，必须把教育事业放在优先位置，深化教育改革，加快教育现代化，办好人民满意的教育。"人才培养机制的创新是党和国家对高等教育综合改革提出的最直接、最明确的要求。当前，从我国高等教育现状看，人才培养与社会需求之间还存在较大的脱节，其中最大的短板和弱项就是青年学生的实践能力弱、专业能力与社会需求契合度不高。因此，在高等教育综合改革中必须把立德树人和提高人才培养质量贯穿改革的全过程。而这个问题的解决需要通过育人机制的创新发展。习近平同志曾经说过，"创新是第一动力"，面对着我国经济社会发展的新形势、新常态，"党中央作出加快建设世界一流大学和一流学科的战略决策，就是要提高我国高等教育发展水平，增强国家核心竞争力"①。而"办好我国高校，办出世界一流大学，必须牢牢抓住全面提高人才培养能力这个核心点"②。当前，高校的育人工作发生了新的变化，育人主体多元、育人场域多样、育人方式多态，面对这些新的挑战，《关于加强和改进新形势下高校思想政治工作的意见》中明确提出"把思想价值引领贯穿教育教学全过程和各环节，形成教书育人、科研育人、实践育人、管理育人、服务育人、文化育人、组织育人长效机制"。高校育人方式从传统的"教书育人、管理育人、服务育人"的"三育人"发展为现在的"七育人"体系，明确了实践教育在高校人才培养中的地位和作用，这也意味着党和国家对实践育人工作提出了更高的要求，迫切需要构建相应的机制深化实践育人，强化学校的实践教学环节，支持和引导学生参与多种形式的社会实践活动，促进学生在社会实践中得到成长、在服务人民中作出贡献，以确保实践育人发挥应有的作用。

推进高校实践育人机制创新，提升大学生思想政治教育质量，是高校思想政治教育响应国内外形势发展变化的迫切需要，也是适应高等教育内

① 习近平. 把思想政治工作贯穿教育教学全过程 开创我国高等教育事业发展新局面［N］. 人民日报，2016-12-09（1）.

② 习近平. 把思想政治工作贯穿教育教学全过程 开创我国高等教育事业发展新局面［N］. 人民日报，2016-12-09（1）.

涵式发展的必然要求，更是办好人民满意的教育和履行好立德树人这一根本任务的重要举措。理念是行动的先导。当前，“创新、协调、绿色、开放、共享”五大发展理念，集中体现了我国根本的和长远的发展思路、发展方向、发展着力点，是对马克思主义科学方法论的创造性运用，是对中国特色社会主义发展规律认识的深化和升华。五大发展理念充分体现了发展的整体性、协调性、平衡性、包容性、可持续性，既对传统发展理念进行革新升级，又对现代发展内涵进行全面提升、对现代发展外延予以全方位拓展。针对高校实践育人机制运行中存在的现实短板与问题，“创新、协调、绿色、开放、共享”五大发展理念正是补齐短板，提升实践育人质量的钥匙和指引。因此，推进高校实践育人机制的创新发展，有效提升大学生思想政治教育质量，需要以五大发展理念为引领，积极开展实践探索，即以创新发展为动力，以协调发展为指引，以绿色发展为方向，以开放发展为重点，以共享发展为目的。总而言之，五大发展理念是对新时期高校实践育人规律的新认识，是新时期对高校实践育人发展认识的新高度和新自觉。高校实践育人只有以五大发展理念作先导，才能破解发展难题、补齐发展短板、增强发展动力、厚植发展优势，确保实践育人取得实效。

第六章　共同富裕视域下高校实践育人体系建设的逻辑理路

第一节　逻辑遵循：构建“大思政”育人格局，促进大学生精神境界提升

一、以“大思政”理念优化高校思政课程与课程思政协同供给

坚持党的全面领导，是我们党领导人民建设新中国与建设社会主义的光荣传统与根本经验，是中国特色社会主义教育发展道路的本质特征。“有一个真正为人民谋利益的执政党”，是一百年来“我们为什么能够成功”以及“未来我们怎样才能继续成功”的根本原因。为人民服务，办好人民满意的教育，全体人民共享教育发展的成果，追求共同富裕，是中国共产党领导的中国特色社会主义教育的基因和本色，也是我们在新阶段大力发展中国特色社会主义教育，促进实现共同富裕的人才保障。共同富裕的理想目标与价值追求需要落实与融入现代化的制度基础。治理体系与治理能力现代化是实现共同富裕的制度基础。促进共同富裕对教育的一系列要求，须落实与融入高校实践育人体系。不断强化党对教育事业全面领导的体制机制建设，是实现共同富裕的价值引领与政治保障的关键。而共同富裕所强调的精神生活富裕要求坚持党对教育事业全面领导，保证马克思主义的共产主义理想、人民立场与群众路线、中国共产党为人民服务的宗旨与以人民为中心的发展思想贯穿教育服务共同富裕的全过程，切实为实现共同富裕提供价值引领与政治保障。思政课是落实立德树人根本任务的关键课程。随着近些年来高校思政课教学范式的不断革新，“师生四同”“行走的思政课”等高校思政课教学模式层出叠现，“实践”成为新时代高校思政课高质量发展的重要特色，实践育人成为构建“大思政”育人格局的重要组成部分。对于高校而言，当下需要构建“大思政”实践育人格局，让思政课程与课程思政“同向同行”，通过高校思想政治教育的高质量发展，为我

国人民生活共同富裕创造积极条件。

（一）围绕学生精神生活的培育目标建构“大思政”教学格局

思政课程与课程思政在目标上首先要“协同”，这种“协同”是基于一种互补与合作的理念。从课程群上来看，课程思政是思政课程教学目标的具体化和落地化，即立足专业学科立场，基于专业学科体系深入贯彻思政目标，它突破了思政课程注重体系、系统而在具体维度上难以深入的局限。因此，这种协同在进度上可以是思政课程目标在前，课程思政目标在后，也可以采取同步同行的方法。从目标设计上看，思政课程目标注重系统，课程思政目标注重细节。从具体设计上来看，要注重课程群视角、教学视角①。

1.“大思政”课程视角的“目标协同”

思政课程与课程思政二者结合的关键点是思想政治教育，即通过课程形式和课堂渠道，挖掘思政课程以外其他课程和教学方式中蕴含的思想政治教育资源，实现思想和价值观的引领。从课程与教学角度来看，课程思政和思政课程的育人是“隐性思政”与“显性思政”育人“合力”的结果。

（1）目标设计的依据——育人总目标。就大学阶段而言，学生思想政治素养发展的总目标是思政课程、课程思政目标设计的总依据。总目标必然要分散到思政课程与课程思政之中，分解出专业课程的育人目标和思政课程的育人目标。思政课程是系统地从马克思主义理论与思想政治教育的知识体系、能力体系、思想理念，以及世界观、人生观、价值观等方面发展的角度，推动大学生的全面发展。这种目标要与“渗透性”的思政教育目标保持一致。就前者而言，要形成专业的思政教学目标体系应依据《高等学校课程思政建设指导纲要》（以下简称《指导纲要》），通过对专业育人目标的具体化（具体到各门课程），对专业思政教学目标的分解和细化，开发形成“特色课程思政”的思政教学目标，进而体系化。也就是围绕坚定学生理想信念，以爱党、爱国、爱社会主义、爱人民、爱集体为主线，围绕政治认同、家国情怀、文化素养、法治意识、道德修养等方面，系统进行中国特色社会主义和中国梦教育、社会主义核心价值观教育、法治教育、劳动教育、心理健康教育、中华优秀传统文化教育等。

① 邱仁富.“课程思政”与“思政课程”同向同行的理论阐释［J］. 思想教育研究，2018，(4)：109-113.

（2）基于“合力”育人的设定，组织目标体系的系统开发。目标的协同，关键是对相关标准和要求的“认同”。因而，在课程目标开发上，尤其是课程思政教学目标开发上，要由专业课程首席教师、专业课程任课教师、课程思政首席教师、课程思政专家、思政课程教师、教学管理人员、课程与教学专家等主体共同参与，可以采取会议模式、专题研讨模式等进行研究。相对而言，思政课程的目标体系完整、成熟且具有科学的逻辑，因而，课程思政要基于思政课程的目标进行设计，依据《指导纲要》，结合专业课程的特点、体量等进行系统开发。专业课程的育人目标最终要“落实到课程目标设计”上。第一，“三结合”的课程思政与思政课程目标体系的开发。“三结合”即结合思政课程指南、布局和推进表，对目标体系进行系统梳理与呈现；专业课程的知识体系、逻辑体系和思政元素分布，结合专业课程思政知识图谱，对目标体系进行呈现；对以上两个方面的思政目标进行对照，结合思政课程的目标体系和知识图谱，对课程思政目标体系进行调整、挖掘和细化，依据《指导纲要》，通过对专业育人目标的具体化（具体到各门课程）、专业思政教学目标的分解和细化，依据“特色课程思政”的思政知识图谱，开发形成“特色课程思政”的思政教学目标，进而体系化。第二，设计专业课程的思政教学目标。课程负责人、思政教师、课程任课教师协同合作，从思政知识、能力、情感、态度、价值观等维度，对专业课程的教学目标进一步细化，即遵循“具体章节的思政教学目标设定——章节的思政教学目标的逻辑梳理—形成专业课程的思政教学大纲”路线。第三，课程的思政教学案设计。依据“特色课程思政”的思政教学大纲，通过再次深入梳理，研制形成具体章节的教学案，确定每节课的思政教学目标及与其对应的教学评价内容。

从整体上看，课程思政与思政课程在目标设计上，要凸显呼应和互补。如在同一类目标上，应该有所侧重。换言之，思政课程的某些目标若无法深入到实践层面，则应该将该目标交由同步进行的专业课程去完成；而课程思政目标若无法对同步的思政课程目标进行下位承托，则应通过思政课程进一步突出“弥补”作用，对具体目标进行覆盖。同时，在课程的推进上，也应该注重双边课程开展的“同步性”，即根据课程的整体分布，结合课程的进度设计，保持目标的统一性，以实现二者结构上的优化。

2. “大思政”教学设计的目标互通

课程思政与思政课程的“同向同行”要求最终要落到教学层面，而教学设计上的目标互通则是推动二者协同育人的重要保证。

（1）与思政课程对接，设计课程思政的“双维度”教学目标。教学目标是预期的学习结果，在教学中处于核心位置，涵盖了知识、能力、情感态度与价值观等方面。“双维度”教学目标，就是要分别清晰地设计和表达专业课程、思政课程两个方面的教学目标，尤其要明确哪些专业课程知识点应负载及如何负载思政要素、如何评价（方法或量表）等。要注意以下问题：具体章节的分布、主题与内在逻辑；具体思政知识点的学习目标要以“评价”为导向①，从知识、能力、情感态度与价值观三个维度进行表述；要对目标达成的层次进行分级和描述。专业课程的教学目标设计要注意：关注先修课程的课程思政目标，注重前后承接性；突出对先修、同步推进的思政课程的教学目标的关注，并在细分维度的基础上，对其目标进行分析，最大程度地保证正在实施的课程思政教学目标与其的关联性。只有做到上述几个方面，课程思政与思政课程才能在教学目标上保持良好的“呼应”，进而推动“合力”育人进程。

（2）目标评价上的“同频”。学生思想政治素质的发展，是一个“合力”的结果。课程思政与思政课程同向同行，形成推动学生思想政治素养发展的“合力”，二者在评价上很难做出准确切割，但课程思政的改进和发展客观上又需要相对科学的评价。因而，课程思政评价往往需要多主体基于多种方式和维度展开，进而形成较为完整的评价结论，以有效反映课程思政的能效、不足和问题。其中最为关键的是，课程思政评价与思政课程评价的“同频”“互动”和“互通”。学生的“学”是一个循序渐进的过程，也是一个“增值”的过程，它综合体现在学生的知识层面、思想层面和能力层面。而对其进行评价，必须基于课程思政与思政课程的目标设计，对照相关标准，以多主体——专业课程思政的任课教师、学生（含学生本人）、思政课程教师、思政辅导员、导师（含学业导师）合作的方式开展，以常态性评价、阶段性评价、总结性评价为主要形式。对思政课程的评价，同样也需做出改变，要以思政课程教师为主，邀请课程思政教师、教学管理人员、学生等参与其中，基于教学目标等进行系统评价。

（二）围绕学生精神素养的发展进行教学内容“互补”

从内容上来看，课程思政和思政课程各有侧重，并形成科学的“互补”。课程思政侧重于思想价值引领，即在各类各门课程（包括思政课、专

---

① 陆道坤．论课程思政的教学设计与实施［J］．思想理论教育，2020，（10）：16-22.

业课和通识课）中加强思想价值引领，增强学生政治意识；思政课程侧重理论指引，即进行系统的思想政治理论教育。这一点在中共中央宣传部、教育部颁发的《关于进一步加强和改进高等学校思想政治理论课的意见》中得到了明确，即“高等学校思想政治理论课承担着对大学生进行系统的马克思主义理论教育的任务，是对大学生进行思想政治教育的主渠道”。二者的科学互补，无疑能够推进“协同”育人进程。

1. 以“协同”思维，推动课程思政与思政课程内容体系的完善

思政课内容创新就是把马克思主义理论、中国特色社会主义理论与中华民族伟大复兴的实践相结合，用中国声音讲好中国故事，用中国故事讲清新时代思政理论，用新时代思政理论夯实学生理想信念，将思政课程内容在改进中不断强化。挖掘各类专业课程的思政价值元素，首要是充分认识各专业课程都是一座思政价值元素宝藏，将人、物和事件背后蕴含的宝贵精神财富显性化，用新时代大学生易于接受的形式予以呈现，在知识传播中凝聚思政价值。将思政课程与课程思政协同就是要注重教育的内在整合和完整性，实现育人的整体效应。思政课程与课程思政在本质上都是发挥思想政治教育功能，无论是思政课程中的思想政治理论内容，还是其他课程中的思想政治教育元素，都是思想政治教育内容体系的重要组成部分，二者具有内在的契合性。课程思政不仅对专业课提出了思想政治教育要求，也对思政课提出了更高要求。思想政治教育是思政课的固有功能，思政课教师应履行好思想政治教育职责。根据“把思想政治工作贯穿教育教学全过程”的要求，思政课同样要贯彻“课程思政”理念，进一步强化思想政治教育意识和功能，而且作为大学生思想政治教育的主渠道，要在“课程思政”中发挥主导作用。习近平总书记指出：“要用好课堂教学这个主渠道，思想政治理论课要坚持在改进中加强……其他各门课都要守好一段渠、种好责任田，使各类课程与思想政治理论课同向同行，形成协同效应。”①思政课的“向”就是正确的政治方向；思政课的“行”就是进行思想政治教育。同向同行，实际上是指各类各门课程都要与思政课一道，坚持正确的政治方向，发挥思想政治教育作用，形成协同效应，增强育人合力②。在内容开发上，要注重理论特征与基于专业立场的渗透特征（运用性）相结

① 习近平. 把思想政治工作贯穿教育教学全过程 开创我国高等教育事业发展新局面［N］. 人民日报，2016-12-09（01）.

② 石书臣. 正确把握“课程思政”与思政课程的关系［J］. 思想理论教育，2018，（11）：57-61.

合，推动学生将理论的系统化学习（思政课程）与基于专业立场的运用与体悟结合起来，从理论上、思想上、能力上实现“合力”育人。

2. 以创新思维，推动课程思政与思政课程内容体系的优化

习近平总书记在全国高校思想政治工作会议上指出，高校思想政治工作要因时而进、因事而化、因势而新。思政课要坚持在改进中加强，提升思想政治教育亲和力和针对性，满足学生成长发展需求和期待。推进思政课改革创新是一项系统工作。完善教学内容、改进教学方法、创新教学载体，不断推进思政课建设体系创新，加快构建中国特色哲学社会科学教材体系和学科体系，依托马克思主义理论研究和建设工程，推出更多更高水平的教材，建立科学权威、公开透明的思政课教学科研评价体系是推动课程思政与思政课程内容协同的重要途径。就思政课程而言，首先要结合时代发展把马克思主义的基本原理、基本方法讲清楚，把人类社会发展的历史必然性、中国特色社会主义的历史必然性讲清楚，把习近平新时代中国特色社会主义思想讲清楚。坚持政治性和学理性相统一，价值性和知识性相统一，建设性和批判性相统一。就课程思政而言，要坚持有机融入，推进习近平新时代中国特色社会主义思想进教材、进课堂、进头脑，推进习近平新时代中国特色社会主义思想“三进”工作是课程思政建设的首要内容。但部分高校学生自主意识强，生硬的灌输可能效果不佳，而润物细无声式的教育方式则可以事半功倍。这就需要认真学习领会习近平新时代中国特色社会主义思想，结合各类专业课程育人特点，有针对性地深入挖掘思想政治教育元素，潜移默化地开展好“三进”工作。①

二、以思想政治教育为引领，持续丰富大学生精神生活

高校实践育人体系建设是深刻回答好“培养什么人、怎样培养人、为谁培养人”这一教育根本问题的题中应有之义。在新形势下推进高校实践育人体系创新性发展，必须全面贯彻党的教育方针，充分发挥我们党思想政治工作传统优势，不断推动高校实践育人取得扎实成效。

促进人民生活共同富裕是新时代承载人民美好生活的具象化新表述，为实践育人创造了新机遇，也提出了新要求。高校思想政治实践教育必须努力摆脱掣肘，在发展中促进大学生精神生活迈向共同富裕之路。

---

① 贾少鑫．牢牢抓住课程思政建设的核心［N］．光明日报，2020-06-23（15）．

（一）以思想政治教育高质量发展加强对精神生活需求的精准对接

思想政治教育高质量发展，就是要以更高的供给水平发挥思想教育、政治引导、道德教化的作用，通过凝聚社会共识、培育多元主体的社会治理意识来促进社会和谐有序发展，从而达到推进社会治理、涵养社会心态的实际效果。精准是思想政治教育高质量发展的应有样态。精神生活共同富裕是全体人民的共同富裕，要求一个都不能少。精准思想政治教育可以更好关注到不同群体、不同个人的精神生活需要，把促进精神生活共同富裕的工作落细、落小、落实。首先，思想政治教育要精准把握人民精神文化生活需求。促进人民精神生活共同富裕，并不是要满足人民群众的所有精神生活需求。在种类繁多的精神生活需求中，有些需求是合理的，有些需求是不合理的，有些需求是假性需求；在正当合理的需求中，也有一些需求是必须及时满足的，有些需求是可以延时满足的。思想政治教育要精准识别不同群体的需求状况，分清主次，辨清真假。其次，思想政治教育要精准对接不同主体的精神生活需求。不同对象精神生活需求的差异性决定了不同的供给方式。思想政治教育对于人民精神生活需求的供给，不仅要做到全面供给，更要做到重点供给和特殊供给。对一些特殊地域和特殊群体，如文化程度不高的农村人口群体、“拔节孕穗期”的青年群体等，要采用不同的话语表达方式和精准的“滴灌”方式进行精神生活供给。为此，思想政治教育还需要精准定制精神生活共同富裕的议题，细化反映不同利益诉求的精神生活内容，破解精神生活需求满足中的一些深层次问题，有效引导人民精神生活发展走向，最终实现精神生活共同富裕。

（二）以思想政治教育现代化发展促进思想政治教育功能优势发挥

促进人民精神生活共同富裕，必须继续走中国式现代化道路。要通过新时代高校思想政治教育实践更好地构建大学生的精神生活，就必须主动适应精神生活共同富裕的需要，走中国式现代化道路，这样才能充分发挥高校思想政治教育功能优势。在思想政治教育走向现代化的实践中，要特别注意以下几点：一是思想政治教育观念的现代化。在开放的、信息化的社会，思想政治教育必须树立开放的、发展的、多样化的、创造性的发展观念，才能更好地促进人民精神生活共同富裕。二是思想政治教育内容的现代化。信息化社会，人们对信息的碎片化接收方式给思想政治教育建构社会整体精神信仰和实现精准化满足带来了极大挑战。在促进精神生活共同富裕进程中，思想政治教育内容发展要特别注意对不断变化的社会现实予以宏观研判和微观关切，既要兼顾人民精神生活需求的广度、深度，也要提防差异化、个性化需求的满足对主流价值观的离散和冲击。三是思想政治教育方法手段的现代化。新时代思想政治教育要充分利用现代科学技术，实现传统思想政治教育方法与现代技术的有机融合，一方面要充分扩大思想政治教育覆盖面，提升其受关注度和吸引力；另一方面要利用实地调查、量化分析等方法来增强思想政治教育内容的科学性和针对性。四是思想政治教育体制机制现代化。思想政治教育要不断健全科学的体制机制，推进理想信念教育常态化制度化和社会主义核心价值观入法入规，最大限度确保人民精神生活共同富裕。

（三）以思想政治教育守正创新发展促进大学生的精神生活质量提升

守正创新是新时代思想政治教育实践发展的基本遵循。守正创新内蕴着一个“变”与“不变”的辩证关系。新时代思想政治教育实践只有在守正创新中，才能更好地促进人的精神生活质量提升。首先，坚持以马克思主义指导人的精神生活发展。“无论时代如何变迁、科学如何进步，马克思主义依然显示出科学思想的伟力，依然占据着真理和道义的制高点。”① 新时代人的精神生活发展面临着诸多变化，但恒定不变的是必须坚持用马克思主义理论指导实践，用社会主义核心价值观引领人的精神生活的多样化、个性化发展，不断提升精神生活发展的层次和质量。其次，坚持用中华优秀传统文化育人和化人。一方面，要大力传承中华优秀传统文化，充分阐释中华优秀传统文化的丰富内涵，汲取其精神价值，发掘其育人价值；用中华优秀传统文化的精髓涤荡人的思想与心灵，提升人的精神境界，培养人们的家国情怀和责任担当。另一方面，要推动中华优秀传统文化创造性转化、创新性发展，根据时代的发展不断补充、丰富和完善其内涵，使之与社会主义先进文化更好地融合，不断增强其影响力和感召力，从而更好地发挥其育人价值。再次，不断增加优质精神文化产品供给。“促进满足人民文化需求和增强人民精神力量相统一”，精神文化产品的生产与供给是关键。思想政治教育要在守正创新中促进人的精神生活质量提升，就要注重引导文化产业正确处理社会效益与经济效益的关系，坚持把社会效益放在首位，努力为人们提供更多优质的精神文化产品。既要以火热的现实生活为素材，为人民呈现更多来源于生活又高于生活，容易引发共鸣的优秀主流文化产品，又要不断总结现实生活的新鲜经验，开阔视野，提供更多能够满足人民需求的多样化的精神文化产品。只有让广大人民群众真正共享

① 习近平. 在哲学社会科学工作座谈会上的讲话［N］. 人民日报，2016-05-19（02）.

精神文化发展成果，精神生活共同富裕才可能实现。

（四）以思想政治教育助推共享发展促进精神生活共同富裕实现

以思想政治教育促进大学生精神生活共同富裕，应树立共享发展理念，廓清人们对共享的模糊认识，合理引导预期目标，弘扬劳动创造美好生活的先进精神。首先，思想政治教育要培养大学生高尚的共享精神。共享发展、共同富裕是社会主义的本质要求。共同富裕是共享发展的结果，共同富裕的过程也是共享发展成果的过程。共同富裕蕴含着深刻的共享精神。思想政治教育要帮助大学生树立高尚的共享精神，理解共同富裕、共享发展意味着共同劳动、共同分享、责任共担。对精神生活共同富裕抱着不想吃亏、不愿担责的思想，平均主义、急于求成的思想，坐享其成、不劳而获的思想都是不对的。共享和共富需要先享帮后享、先富帮后富，才能实现全面的共享和全面的共富。其次，思想政治教育要合理引导人们的期望目标。精神生活共同富裕不是同时富裕，不是同等程度的富裕，不同生存状况的个体对精神生活富裕的理解和追求也不一样。思想政治教育要对人们予以合理引导。要引导人们树立立足现实而又超越现实的合理的精神生活富裕目标，以此指引人们的精神生活发展到理想的高度。要引导人们正视需求实现的状况，客观分析各种需求得以实现或未能实现的多方面原因，分析需求得以实现的程度，以及未得到实现的程度，以便重新审视自己需求的合理性。要引导人们进行精神生活富裕目标的合理比较，通过理性分析、合理比较调整自己的心理预期、参照标准和发展目标。最后，思想政治教育要倡导劳动创造美好生活的观念。精神生活共同富裕绝不是一种“应当如此”的既定目标，更应是全体人民共同努力，既改善自身的精神生活也促进社会精神生活发展的有机统一的过程。在此过程中，人人都要劳动、奋斗、创造。习近平总书记指出：“要在全社会大力弘扬我国工人阶级的优秀品质，大力宣传劳动模范和其他典型的先进事迹，加强对广大青少年的教育，让劳动最光荣、劳动最崇高、劳动最伟大、劳动最美丽的观念蔚然成风，让全体人民进一步焕发劳动热情、释放创造潜能，通过劳动创造更加美好的生活。”① 精神生活共同富裕不能靠继承，也无法靠施舍，只能靠创造，靠全体人民共同创造。劳动是实现精神生活共同富裕的唯一有效途径。

---

① 习近平同中华全国总工会新一届领导班子集体谈话［N］. 人民日报，2013-10-24（1）.

三、推进科研育人实践，为共同富裕深入实施激活创新活力

科研育人是高校实践育人的重要特征和显著标志，是高校科研工作者在科研活动过程中对学生正向施加的一种有目标、有责任、有意识的教育引导行为。① 从当前高校科研育人的工作实际来看，科研育人可以不断培塑学生创新思维，有效激发学生创新创业意识，从而为实现共同富裕不断厚植思想基础。

古希腊哲学家、教育家苏格拉底曾提出："教育不是灌输，而是点燃火焰。"习近平同志在2013年五四青年节同各界优秀青年代表座谈时也指出："青年是社会上最富活力、最具创造性的群体，理应走在创新创造前列。"启发创新创造的先决条件是"启"。高等教育要培养创新型人才，必须充分重视青年大学生的创新潜能和创造潜力，不仅要为大学生的创新创造实践提供展示舞台和服务支持，还要进一步健全创新创造教育"有启有发"的体制机制，激发青年学生的创新思维，引导青年学生将精力和创造力投入到科研学术中去。这样，我们的青年大学生群体才能在共同富裕视域下走在创新创造的时代前列，高校实践教育才能真正意义上点燃创新创造的火焰。

（一）搭建创新教育平台的科研实践

在共同富裕战略引导下，当代高校教育功能充分拓展，从以往的劳动教育延展至人才培养、科学研究、社会服务和文化传承创新四个方面，强调为国家经济、文化、政治的全面发展而服务。其中人才培养是高校实践育人的本质要求和根本使命，四大功能围绕这一核心有机互动、相互支撑，才能为人和社会的全面发展打开更大空间。科学研究对创新型人才培养具有特殊重要意义，科研创新既是提升大学生专业知识水平和创新创造能力的前沿阵地，也是促进产学研紧密合作、实现现代大学功能的必要途径。正如刘延东同志所指出的："科研创新与人才培养必须协同。推进科教结合，形成教学与科研互动的稳定机制，鼓励学生参与课题和实验室研究，加入创新团队，提高学生的动手能力和创新本领，做到寓教于研、研中有教。"

我国高校加快科研创新促进人才培养的做法主要有：

（1）积极鼓励科研实践。各高校鼓励教授、研究生导师尽可能接纳本

---

① 《十谈》编写组. 加强和改进新形势下高校思想政治工作十谈［M］. 北京：人民出版社，2017：105.

科生参与科研实践、学术讲座与学术研讨，指导本科生的课余科技兴趣小组活动；以校内高水平的重点实验室，各学科的科研机构、工程基地为依托，将创新教育融入科研训练、毕业论文、课外活动等教学环节，提升创新教育的水平；鼓励师生携手发表论文、申请专利、参与竞赛等，提高成果的显示度、加强辐射效应。

（2）深入推动产学研合作。产学研合作不仅仅是促进科研成果的转化和加强社会多元主体联系的动力机制，更是创新人才引进和培养的重要途径及实现人才强国战略的动力机制。主要形式包括：校企自主联合科技攻关与人才培养，共建研究中心、研究所和实验室，建立科技园区实施科学研究与成果孵化等。

（3）大力加强教学科研互动。高校不断以国家级、省级、校级精品课程建设为抓手，及时将科研成果转化为教材和教学内容；高校哲学社会科学工作者坚持科研反哺教学，将先进的科研理念、方法、成果引入课堂教学、实践教学、教材（讲义）编写、毕业论文（设计）的指导等人才培养环节中，实现教研互动、教研相长。

（4）搭建学术交流平台。高水平学术讲座活动对学生把握学术前沿、开阔学术视野、提高综合素质具有重要意义。高校应积极构建完整的学术报告和讲座制度，通过不断加强品牌论坛建设，开展多种形式的学术活动，繁荣校园文化，提升大学生科学素质和人文素养。一些高校经过多年打造，形成了独具影响的学术论坛品牌。

虽然科学研究和创新人才培养的结合不断加强，高校在内部管理机制和人财物投入方面也进行了改革，但作为一种创新人才培养的新尝试，两者在结合过程中仍然存在着一些亟待解决的问题。例如，政策单一孤立、不够系统，学生参与流于表面、不够深入；结合方式简单、覆盖面窄等，而其中最大的问题是结合途径单一，对科学研究的利用率较低。科学研究是一项系统工程，涵盖项目、平台、团队、产学研合作等众多要素，每个要素又包含了不同的创新层次。因此，要培养全面发展的高素质创新人才就必须建设一个涵盖科学研究全部创新要素和不同创新层次的结合体系。而目前科学研究和创新人才培养的结合仍以科研项目为主，且仅停留在学生参与的初级创新层次。对于平台、团队、产学研这些科学研究的重要组成要素的利用方面，由于人员复杂、经费较高、运行烦琐等问题，高校虽然也积极尝试，但大多断断续续、点到为止。这种单要素结合方式，不仅造成高校内部创新人才培养模式匮乏，而且导致创新环境、培养手段单一和创新资源的巨大浪费。高校在实践育人体系建设中，需要改善上述科研创新教育的不足。

（二）共同富裕视域下高校科研实践的创新发展之路

1. 积极鼓励学生参与科研项目，促进学生创新创造能力提升

发挥科学研究的积极作用，培养创新型人才的最好方式莫过于积极引导和鼓励学生参与及主持科学研究活动，让其亲身体会和参与创新的过程。首先，制定宽松的科研政策和营造浓郁的科学研究氛围，为学生参与科学研究制定支持性政策制度、营造良好的校园文化环境。其次，按照学生个人创新能力的大小设立合理的学生参与科学研究活动的层次。一要吸收学生参与大型科研项目的研究，尤其是国家层面的重大科学研究活动，如“973”“863”“国家攻关”等国家科技计划项目。参加重大科研项目，可以使学生对大型科研项目有较为全面的认识，接触科学发展的前沿理论和先进的科学研究手段，在掌握严谨的研究方法的同时，锻炼自身的实践能力、培养团队合作精神。二要鼓励学生积极参加符合自身知识水平和提高解决问题能力的一般性科研课题，如省市一级课题基金，使学生学会在具体科研实践中运用所学的专业知识解决科学问题，并在科学研究中检验知识的科学性和客观性，加深对所学知识的理解。三是针对学生设立低门槛的科研课题，学生可以根据自己的专业特长，选择自己感兴趣的课题和方向，在教师的指导和帮助下开展一些深度研究，真正地当一回科技创新的掌舵者。

2. 充分借助企业资源，促进产学研合作纵深发展

进一步改善人才培养不适应社会需求和脱离社会经济发展实际的情况，改变人才培养自我封闭的局面，把人才培养放到教育、科技、经济相结合的大环境中思考，把产学研结合作为人才培养的一个切入点，把高层次人才联合培养作为推进产学研结合的一个有效载体，为高层次创新人才的培养创造更广阔的空间。以华中科技大学的产学研合作探索为例，高校主要要做好四项工作。一是在学科集群与产业集群对接中培养创新人才。学校整合教师、学科和研究生资源，将具有竞争优势的学科集结成学科群，集中对接具体市场支柱行业的产业群，形成具有核心竞争优势的技术群。在对接过程中，大量学生随导师从实验室走进车间，走上产业生产线，实现了理论与实践的结合；此外，学科群与产业群的对接，也使得科学研究在市场实践中走上一条集成化的道路。二是在联合研发平台中培养创新人才。与企业共建研发平台或基地，广大师生在参与建设平台的过程中，一方面

可以了解市场对创新技术和人才的实际需求，增强人才培养的针对性；另一方面，合作的过程也是学生在市场的指导下不断提升其科研能力与实战能力、增长才干的过程。三是在解决行业关键共性技术难题过程中培养创新人才。依托教师科研团队和科研大平台，在教师的带领和指导下，大量的研究生参与到行业共性技术难题的破解中。四是在业界专家的指引下培养创新人才。学校把业界的著名专家、研究人员、高级管理人员等聘请到学校担任兼职研究生导师，把各行业研究的前沿问题、影响行业发展的关键技术难题及国民经济发展迫切需要解决的科研项目直接带进学校，使研究生能近距离地接触技术前沿，参与到重大科研项目之中，极大地拓宽了学生的眼界。

3. 认真实施创新能力提升计划，促进协同创新平台建设

为积极推动协同创新，促进高等教育与科技、经济、文化的有机结合，大力提升高等学校的创新能力，支撑创新型国家和人力资源强国建设，教育部、财政部联合制定了《“高等学校创新能力提升计划”实施方案》，决定实施“高等学校创新能力提升计划”（简称“2011 计划”）。计划以人才培养、学科建设、科研创新三位一体的创新能力提升为核心，坚持“高起点、高水准、有特色”，充分利用高等学校已有的基础，汇聚社会多方资源，大力推进高等学校与高等学校、科研院所、行业企业、地方政府及国际社会的深度融合，探索建立适应不同需求、形式多样的协同创新模式；坚持政府主导与市场机制相结合，突破制约高等学校创新能力提升的内部机制障碍，打破高等学校与其他创新主体间的体制壁垒，把人才作为协同创新的核心要素，通过系统改革，充分释放人才、资本、信息、技术等方面的活力，营造有利于协同创新的环境氛围。高等学校应加强组织领导和顶层规划，积极推进机制体制改革，充分汇聚现有资源，广泛联合科研院所、行业企业、地方政府及国际社会的创新力量开展协同创新，通过前期培育，确定协同创新方向，选择协同创新模式，组建协同创新体，营造协同创新的环境氛围，形成协同创新的新机制和新优势。

4. 大力加强校地合作，促进创新科研成果转化

高校应与地方紧密合作，实现政、产、学、研四方协同，进一步激发创新活力，改进人才培养模式，提高人才培养质量。以华南理工大学为例，该校创新机制，促进高校科研和人才培养模式改革，一是通过协同创新，把高校学科建设和科技成果转化有机地结合起来，以国家科技发展战略规划为科学研究的导向，以解决社会民生重大问题与需求、促进经济发展作

为研究目的。二是引入具有市场前景的科技项目，激发教师群体的技术创新思维和活力，调动和发挥教师的技术创新潜力，为高校纯学术型学者走向创新创业、向转化型学者转型提供平台。三是引进有突出学术成就、技术创新意识和企业经验的复合型高端人才作为兼职教授，孵化高端技术项目，为高校教学注入新鲜内容和催化剂，助力于学生创新创业技能和素质的培养，以及校园技术创新文化氛围的营造。

5. 注重建设学生创新团队，促进科研创新合作意识培养

高校科研创新团队是由以科技创新为目的，围绕共同目标，愿意相互承担责任的若干技能互补的科技研发人员组成的团队。由于科研氛围浓厚、研究目标明确、学术交流活跃、创新思想迸发，高校科研创新团队一直都是科学突破、技术创新的重要力量，并成为创新人才凝聚和培养的重要载体。因此，建设大学生创新团队，聚集拥有共同科研兴趣爱好和目标的大学生，可有效调动学生的创新积极性，加快创新思想在学生群体中的传播。例如，中南大学实施“育英创新”计划，探索“名师+骨干+学生”的人才培养模式。中南大学充分发挥哲学社会科学教师的育人作用，积极探索以高水平科研项目支撑高质量教学的新形式、新途径，加快哲学社会科学研究成果向教材、课堂等的转化，加强信息化教学资源、社会调查研究基地建设；开展启发式、思辨性、研究型教学和研究型学习活动，大力培育各个领域和行业的领导型人才；大力推动学生参与科学研究，形成“名师+骨干+学生”的研究团队。又如，南开大学推出“知行南开”研究生创新能力提升计划，鼓励研究生深入思考现实问题，自选紧贴社会需求、具有创新意义和实用价值的研究项目，跨学科、跨学院、跨年级组队，充分调动研究生立足专业、服务社会经济发展的主观能动性，促进不同学科、专业研究生的协同创新。

第二节　主体协同：聚集各方力量形成实践育人体系建设的合力机制

一、聚焦思想引领与学科引导，融合全员资源投入协同育人

高校实践育人中要把学科建设作为头等大事、头号工程，有效发挥党组织政治引领、思想凝聚和组织保证的作用，努力将党建优势转化为发展优势，确保党的建设与学科发展深度融合。积极适应现代经济、科技和教育的深刻变革，把握共同富裕新发展阶段战略定位，以高校高质量建设为

统揽，以国家战略与学科前沿为导向，将人工智能、大数据等现代科技全面融入本硕博课程体系，引领人才培养转型，推动思想政治教育、通识教育、专业教育与创新创业教育的互融共通，深刻转变课程教学范式。围绕人才培养目标，推动综合评价体系改革，更加突出高质量建设新使命新导向，建立形成极具学科特色的高质量本科教育和卓越研究生教育协同机制，招生、培养、就业与校友工作的“四环联动”，德智体美劳的“五育融合”，全面提升创新型、复合型优秀人才培养能力。

二、聚焦职业发展与解难纾困，融合专家团队助力协同育人

遵循学生思想特点和发展需求，按照“党委统揽+重点培育+服务协同”三位一体思路，把解决思想问题与解决实际问题相结合，第一时间回应学生“急难愁盼”问题，助力学生成长发展。指导成立职业规划工作室，聘任校内外专家学者担任咨询导师，定期开展职业生涯规划与发展咨询辅导服务，全面覆盖不同学生群体。针对不同学生的个性化需求，整合“区域+校友”优质资源，与驻地企业联合共建“特色实训基地”，创新设计实验模拟、专业竞赛、创新创业等实习实践场景，打造形成“社会实践+专业实习+职业规划”综合发力的服务平台；学院党政班子扎实落实就业“一把手”工程，深入一线开展市场调研、访企拓岗，选聘业界精英导师全程参与人才培养方案设计和学位论文质量把控，优化培养环节，提升人才培养质量，推动区域间、校际间“培养—就业”渠道互补、资源共享。依托校、院、地三级资源建立“阳光工作室”，及时干预化解学生心理危机。针对重点关注群体的特殊情况，建立学生心理健康服务家校合作、医校结合实施办法，实现全员全时服务。

三、聚焦情感交流与人文关怀，融合专兼导师共赴协同育人

发挥党管人才优势，立足一流师资建设加强教师思政和师德教育，强化青年教师政治引领作用，以新时代“四有”好老师标准为师爱引航，力行“引擎、薪火、扎根、标线”四大行动，锻造“大智、大气、大爱、大为”师德品格，争做“大先生”，书写新时代育人“奋进之笔”。常态化组织开展辅导员沙龙、专业素质培训、访学研修，全面提升专兼职行政教辅人员党建和思政育人工作能力。推行朋辈导师制，选聘更多责任心强、业务水平高的企业精英组成校外导师团队，引入优秀校友担任学长导师，协同校内导师参与学生学习指导、成长发展的各个环节。开展“灯塔计划”

和“成长加油站”等主题活动，发挥高年级学生对低年级学生的学业指导、思想引领、心理互助等作用，加强学生“四自”能力培养。

四、坚持纵深发展的合力机制，全面推动高校育人评价方式升级

为了更进一步发挥主体协同育人的效果，高校在合力机制创建中要遵循三点原则：一是必须坚持纵深推进实践。充分发挥一流学科的引领作用，聚焦聚力“创新、人才、数字、改革、开放、文化”战略重点，瞄准科技前沿和学科关键领域，持续优化学科专业和人才培养布局，“五育融合”构建“学科交叉、科创并举、资源融汇、内外联动”的培养体系。要深化科教融合育人，依托创新创业大赛等教育实践平台，广泛聚合跨学科师资力量，打造国家级精品课程，推动人才培养能力稳步提升。

二是必须坚持创新升级“菜单式”育人模式。传统的教育体系在专业设置、培养方案、教学方法、师资力量等方面大多遵从自身学科发展逻辑，没有从真正意义上考虑市场需求，导致毕业生的专业知识、实践能力与社会需求之间存在一定差距。通过构建实践实训、实验模拟、专业竞赛、创新创业、劳动教育 5 类“菜单式”育人场景，有效打通课堂、实验、实习、就业之间的阻隔，实现了产教融合、产学结合的优势叠加。

三是必须坚持全力推动“破五唯”评价改革。教育评价事关教育发展方向。学生层面，必须始终突出以人才培养为中心的评价导向，通过完善学生综合素质评价体系，创新德智体美劳过程性评价机制，强化“结果评价+过程评价”的闭环式质量监控，构建形成“综合评价+增值评价”的发展性质量评价体系，确保学生全人格、全要素全面发展。教师层面，必须把立德树人成效作为根本标准，优化教育教学工作考核指标体系，推进以师德评价为基础、以综合评价为核心、以分类评价为导向的教师评价机制建设。

第三节　顶层设计：将共同富裕思想融入大学生社会实践教育体系

一、共同富裕思想融入大学生社会实践教育体系的顶层设计思路

（一）统筹兼顾

高校实践育人在顶层设计中要统筹校内校外、课内课外、显性隐性的实践育人资源，将人才培养的内在需要与经济社会发展的外在要求结合起来，形成目标共同、机制共建、资源共享、多方共赢的实践育人工作体系；

同时又要兼顾理论教学与实践教育、实践体验与育人文化的同向推进。实践育人是高校人才培养的重要形式。一方面，实践育人，绝不意味着理论教育的缺失与旁落。理念是行为的先导，实践是理论的检验与延伸。实践教育与理论教学同等重要。在实际工作中，“实践育人”与“理论教学”常常被割裂，两者自成体系，既不能形成实践育人的整体性优势，又不利于解决各自存在的实际问题。因此，完善实践育人顶层设计需要统筹兼顾理论教学与实践活动。另一方面，既要注重实践主体的实践体验，又要注重高校实践育人文化的营造和培育，要将实践育人文化的构建纳入大学文化建设范畴。实践育人文化是实践育人工作的精神支撑，有其独特的作用，它所具有的潜隐性、渗透性和可接受性是其他教育载体所无法具备的。实践育人文化的建设将有助于加强对学生的思想引领、价值引领，有助于培育学生的实践自觉，从而将学生的实践潜力转化为实践经历。

（二）分层设计

高校实践育人从结构层面上包含意识引导层、知识学习层、信息交流层、实践体验层和评价反馈层五个层次，高校要从这五个不同的层次为学生提供全方位的实践教育服务，将实践教育贯穿人才培养的全过程。在不同的学业阶段尊重学生发展规律。低年级与高年级、本科生与研究生存在着知识结构与能力水平的不同，在实践育人运行机制设计上应根据其中的差异开展合规律性、合目的性和合意愿性的实践教育，实现人才培养重心由知识传授向能力培养的转变。比如，在创新创业教育中，针对研究生，要依托专业开展科技竞赛与科技创业实践，锻炼学生的科学素养与实践能力，引导他们将理论获得转化为科技成果，将科技成果转化为科技实践，将科技实践转化为科技收益，在实践中不断验证所学，修正不足；针对本专科生，应立足于教育引导，鼓励其参与军事训练与国防教育、创新创业教育等，结合新生入学等开展校史追溯等专题实践教育活动，帮助学生在实践中增强对国家民族的情感、对学校发展的关注、对个人成才的信心，树立起远大的理想抱负；针对高年级本专科生，应设置较多的科技竞赛或创新创业模拟大赛、创新创业实训，为他们适应社会做好前期准备。

（三）开放共享

开放性是实践育人的社会属性。实践育人是一个涉及校内外多种因素的、开放复杂的系统。高校实践育人成效依赖于系统各要素形成的合力。因此，高校与实践主体既要有开放的胸怀，又要有开放的视野来组织开展实践活动。高校既要善于借助政府、社会组织、企事业单位、乡村社区、家庭等多方力量，又要以国际视野关注国际政治经济社会发展形势，还要准确了解和把握青年学生的思想动态，要立足世情党情国情社情民情和学校、学生的实际，比较借鉴国内外先进的成功经验来设计实践育人方案。同时，还需要遵循共商共建共享原则，尊重实践教育中的各方意见，共同设计实践育人方案和机制，最终实现人才、平台和实践成果的共享，实现多方共赢。需要注意的是，在纷繁复杂的社会发展过程中，必须坚持开放中有坚守，在多元多样中立主导，在交流交融中谋共识，具备国际视野但要牢记育人使命，具备开放心态但要坚定理想信念。

（四）路径设计

高校实践育人应遵循思想政治工作规律，遵循教书育人规律，遵循学生成长规律，实施实践育人顶层设计、完善保障体系、构建实践育人工作体系、建立科学的评价反馈机制，形成理论与实践结合、线上与线下互动、课内向课外延伸的育人工作格局。实践育人工作体系要以主渠道育人为龙头、以主阵地育人为脉络、以主抓手育人为支撑、以主方向育人为目标，使实践育人向更深和更广两个维度同时发展。主渠道主要以课堂教学、专业实习、创业训练、本研科研项目等教育教学为主要方式，不断提升课堂教学的实践比重，以不断提高学生的专业能力和个人素养，达到实践育人全覆盖；主阵地主要依托军训、志愿者服务、寒暑期社会实践、创新创业活动等载体，发挥学生的主观能动性，锻炼学生自我教育、自我服务、自我管理的能力，让学生更多地接触社会，在社会实践中培养家国情怀；主抓手主要立足于本科生和研究生的培养目标与要求，持续探索实践育人课程化方法，以短期活动作为实践育人的重要补充、以长期活动为实践育人的重要支撑，通过长期积累、创新，促进实践育人科学化、深度化发展；主方向主要立足学校实际，围绕实践活动品牌化、实践活动规模化、创新创业系统化和实践育人国际化的设计与构想，持续传承创新，不断提升实践育人质量。

二、高校实践育人体系顶层设计的组织实施路径

高校实践育人，理念是先导，顶层设计是布局，但关键还在于如何具体实施。高校实践育人的主要机制是组织、实施、保障和评价，其中，组织机制是前提，实施机制是主干，保障机制是支撑，评价机制是完善。

（一）建立健全高校实践育人组织机制

运行顺畅、科学合理的组织架构是高校实践育人工作可持续发展的组

织保障和前提条件。高校实践育人运行机制在组织架构上应遵循单中心、多层级、广覆盖的原则。成立学校实践育人工作领导小组，由校领导任组长，校外各参与单位负责人和校内相关部门负责人为成员，领导小组负责学校实践育人环境营造、平台建设、文化培育、经费保障、监督考核等系列工作。在学校层面，建立实践育人工作组，成员单位为相关部门，建立定期会商机制。相关单位涉及学校办公室、人事、财务、教学、科研、学生管理、宣传、团委、国际交流等职能部门，以加强实践育人各方面资源的统筹协调，为实践育人工作的开展提供相应的条件保障，确保实践育人工作成效。实践育人工作领导小组可以成立实践育人专门机构负责制定人才培养方案、课程体系及教学内容，具体负责实践教学、实习实训和创新创业；可以建立项目开发指导团队，负责组织学生参与实际的项目。各学院成立实践育人工作办公室，与学院的教学管理办公室、学生工作办公室同级，也可以合并。在教师层面，由人事处和教务处承担实践教学指导的“双师型”教师培养，以及兼职教师、特聘企业骨干等社会师资的招聘、管理、考核和绩效评估工作。在学生层面，由团委整合各学生社团成立大学生社会实践协会，具体负责假期社会实践、志愿者活动和勤工助学等日常实践活动，充分发挥学生“自主管理、自我教育、自我服务”的主体作用，开展形式多样的社会实践活动，并通过高低年级的传帮带，调动学生积极性，激发学生自主实践意识，促进实践活动的深入开展。在实践育人工作组织建构中，学校党委要充分发挥领导核心作用，真正做到总揽全局、协调各方。

（二）完善高校实践育人实施机制

高校实践育人实施应遵循总体布局，按照分层次设计、项目化推进、基地化服务、制度化保障、动态化评价要求协同推进，确保实践育人有方向、有保障、有考核。高校实践育人要以教学为支撑，以实践为载体，以基地为依托。高校实践育人的实施机制主要由三个部分构成：

第一，思想引领。思想引领是实践育人方向性的保证。高校实践育人要在正确思想的引领下开展，确保实践活动的价值作用和正向作用。对个体而言，事物的两面性会产生两种作用，一种是正向作用或积极作用，另一种是反向作用或消极作用。如实践调研中面对中国农村的贫困问题，积极作用在于这一现象更能激发学生的成才欲望，激发他们渴望通过自己的努力去改变我国农村贫困落后的面貌，更好地报效祖国、服务社会，从而增强自身为实现“两个一百年”的奋斗目标和中华民族伟大复兴的责任意识和担当精神；而消极作用可能在于有的使学生会以现实否定自己的理想，感叹现实的不公和不均，悲观看待国家发展过程中的短板与不足，甚至对实现“两个一百年”的奋斗目标和中华民族伟大复兴的伟大梦想感到失望和信心不足。因此，思想引领是确保实践育人成效的认识性、思想性的关键，要让学生在习得中正确感悟、体悟，从实践中悟得真知、真理，而不是“错”悟、“失”悟，更不能因现实复杂而放弃梦想，因理想遥远而放弃追求。

第二，实践活动开展。实践活动是实践育人工作的主体部分，也是学生这一实践主体通过实践体验将认识转化为意志、情感和行为的重要过程。实践活动的内容涉及面广泛，实践活动的载体和形式丰富多样，需要根据学生的专业、知识结构、成才需求等差异，增强实践内容与实践主体特点的契合度，让青年学生广泛参与各种实践活动，将人才培养从知识传授向能力提高转变，不断提高学生的成才意识、创新能力和社会责任感，让学生在实践过程中体悟世情、国情、社情和民情，进而增强道路自信、理论自信、制度自信和文化自信，要让学生通过实践教育有效解决好世界观、人生观、价值观这个“总开关”问题，自觉做中国特色社会主义共同理想的信仰者和实践者。实践活动虽然非常广泛，但主要内容和形式有四种：假期实践、志愿服务、军事训练、创新创业。高校在开展实践活动过程中，要结合国家发展战略、地方经济社会发展需要和重要时间节点，坚持时代发展、社会变革的焦点热点与学生成长成才需要相结合，统筹开展支教、调研等寒暑假期社会实践活动，要在“早、长、多、深”四个方面做文章，即在时间上要“早”接触专业和社会、要保证学生接触专业和社会的时间“长”，确保接触专业和社会在频率上的“多”、要保证学生融入社会程度的“深”，切实促进社会实践与人才培养、与社会需求、与学科优势的有机融合。

第三，建设实践文化。实践文化是实践价值的引导，是实践教学和实践活动的精神支撑，实践文化的建设是实践成果的体现，是实践经验的总结，也是实践成效的比对。高校通过实践文化建设，充分发挥文化育人的功能，将实践育人理念深植入学校领导、管理人员、专业教师脑中，将实践精神深植学生心中，培养学生的实践自觉和实践担当。

（三）进一步完善评价机制

对实践育人体系及实践育人成效作评价，其目的不仅在于得出某个结论，更重要的是总结经验、发现问题、持续改进，以达到不断提高新时代高校实践育人质量的最终目的。

1. 实践育人的评价与考核

当下高校年度考核已经成为常态，既有单位年度考核评价，也有教职工个人年度考核评价。评价是对事物一定阶段发展状况的定性与定量的综合考量，也是对事物在评价期内最终状态的把握。实践育人评价，即通过对一定时间内开展实践育人投入量及方式方法运用的分析，评估其对学生思想政治素质和技能教育的效果。近年来，高校均将思想政治教育纳入单位、个人年度考核范围，考核的结果纳入对单位、个人的评价。但是，不少高校的考核和评价有流于形式之嫌，导致考核评价的作用大打折扣，失去了考核评价的价值和意义。必须将实践育人成效真正作为评价单位和个人的重要依据，与单位的评优评奖、个人的晋级晋升等挂钩，充分彰显评价考核的权威性，发挥评价考核的价值和意义。

2. 实践育人的评价与交流

总的来说，我国高校实践育人工作取得了一定成效，但还在不断发展完善当中。通过效果评估发现，一方面，高校实践育人成效就单个高校来说，各学院、职能部门、专业教师乃至学生的能力、水平参差不齐；另一方面，各学院、各专业及其重视程度的差异，导致各学院在实践育人方面也会呈现出特色纷呈的现象。就学校来说，要对评价结果进行组织交流，通过交流分享经验，取长补短；通过交流鼓励先进，鞭策后进；通过交流正视问题，持续改进。这样才能形成高校实践育人工作的有效循环，切实促进和推动高校实践育人工作持续发展，进而全面提升人才培养质量。

3. 实践育人的评价与改进

评价的一个重要目的就是督促改进。新时代高校实践育人体系构建的一个重要目的，就是形成一个从内到外、从上到下，层级反馈，持续完善和发展的体系。实践育人成效评价是对一个阶段、一个时期内的工作进行检查和了解，实践育人成效评价不是实践育人阶段性工作的结束，而是新的目标的开始。因此，在开展实践育人评价时，不仅仅要客观评价成效、总结经验，更要聚焦问题、找准问题。无论是评价者还是被评者，面对问题不能隔靴搔痒、避重就轻，要正视问题、重视问题，找准问题的症结和原因，找准解决问题的对策，靶向施策，持续改进，以促进和不断提高实践育人成效。

第四节 内容创设："全方位"开展形式多样、内容丰富的实践教育

一、拓展实践育人体系的政治文化教育内容

实现精神生活共同富裕，需要发挥共同富裕的社会意识形态的价值引导力。教育在主动引导良好社会风气、引领移风易俗方面的作用尚未充分发挥。长期以来，在考试淘汰、学历竞争、就业导向的影响下，教育发展在一定程度上受到实用主义、功利主义的影响。立德树人方面还有很多工作要做，教育在人才培养中价值引导作用的发挥显得不足。一些教育活动强化了竞争意识，弱化了集体与合作的意识，也影响了良好社会风气的形成。实现精神生活共同富裕，需要发挥中国特色社会主义教育的文化凝聚力，充分发挥教育在牢固树立文化自信、教育自信方面的作用。习近平总书记强调，"幸福生活都是奋斗出来的，共同富裕要靠勤劳智慧来创造"。当前社会上，"内卷""躺平"等言论甚嚣尘上，急于求成和畏难情绪广泛存在，亟须通过社会主义核心价值观教育、理想信念教育与劳动教育等激发劳动者内生动力，形成全体人民创新创业、劳动奋斗、撸起袖子加油干的社会精神，增强共同富裕的精神推动力。实现精神生活共同富裕需要发挥社会主义慈善意识的责任感召力，应重视教育在弘扬慈善意识、培养社会责任感方面的独特意义。慈善意识最重要的根源是个人对他人、社会责任的承担。虽然我国居民对慈善的概念认知、责任认知、效能认知都有较高的评价，但是，对慈善的理解更多地局限在个人捐助等较为表面的具体形式，难以将慈善意识从个人道德层面提升到社会公德层面，高校需要通过拓展实践教育的政治文化内容，有效提升人们对慈善意识、社会责任感的深层认知。

（一）建设完善的党对教育事业全面领导制度体系，为实现共同富裕提供价值引领与政治保障

针对建立实现共同富裕的价值引领与政治保障问题，需要坚持以习近平新时代中国特色社会主义思想为指导，建设完善的党对教育事业全面领导制度体系。依托党对教育事业全面领导制度体系，把马克思主义的共产主义理想、人民立场与群众路线，中国共产党为人民服务的宗旨与以人民为中心的发展思想，以及共同富裕的价值追求体现在各级各类教育的教学材料中，融入国民教育全过程，全方位引领立德树人各环节。让共同富裕

的理念与理想在大学生的头脑中扎根，在全社会与全体人民心中扎根，成为中国特色社会主义核心价值与文化的一部分。要实现党对教育事业领导的全面性、系统性、整体性，在教育领域“全面推进党的政治建设、思想建设、组织建设、作风建设、纪律建设，把制度建设贯穿其中”。特别重视建设一支忠诚于党和人民的教育事业，思想政治素养过硬、综合素养过硬、富有红色教育家与人民教育家精神的教师队伍。全体教师努力做到既精通专业知识、做好“经师”，又涵养德行、成为“人师”，成为精于“传道授业解惑”的“经师”和“人师”的统一者。通过素质过硬的优秀教师队伍落实共同富裕的价值引领作用。要立足抓好课堂教学与教材建设两个环节，引导青年学子努力学习，继承发扬马克思主义和我们党百年人才建设的思想与经验，紧紧抓住人力资本开发这一关键抓手，落实党管人才基本要求，将实现共同富裕理想目标融入新时代高端人才发展战略的制定中。

（二）立足发挥实践教育的文化软实力，树立文化自信与教育自信，促进大学生精神生活共同富裕

针对实现大学生精神生活共同富裕的重大问题，需要充分发挥实践教育在树立文化自信与教育自信方面的重要作用。全面加强理想信念教育，系统开展理想信念教育、社会主义核心价值观教育、中华优秀传统文化教育、红色文化教育，消除教育中的实用主义、功利主义、精致的利己主义价值观的不良影响。全面落实立德树人根本任务。涵养师生乃至全社会的文化建设、思想建设、政治建设、信仰建设，提升社会主义先进文化在人民群众中的凝聚力与向心力。深入实施创新创业教育，强化劳动教育，大力培养新时代创新创业精神与劳动奋斗精神的内生推动力。消弭“内卷”“躺平”等不良风气，引领青年一代“不负韶华，不负时代，不负人民，在青春的赛道上奋力奔跑，争取跑出当代青年的最好成绩”。有效培养大学生的社会责任感与慈善意识。把培养社会责任感作为立德树人的核心任务，为青年一代树立“坚定不移听党话、跟党走，努力成长为堪当民族复兴重任的时代新人”的奋斗目标和前进方向。通过教育宣传等方式加强促进共同富裕的舆论引导，不断增强高收入群体、社会、企业的慈善意识和社会责任感，形成互助共享的社会精神氛围。

二、丰富实践育人体系的创新创造教育内容

2010 年推出的《国家中长期教育改革和发展规划纲要（2010—2020 年）》（以下简称《纲要》）中，培养各级各类适应现代化要求的人才，

特别是培养创新型人才是其中一个突出的亮点。按照《纲要》提出的原则性要求，结合高等学校育人工作的实际，我们认为高校育人实践创新创造主要有三方面内涵。其一，从注重学思结合的角度来说，培养创新型人才就是要积极改进教育教学方法，激发学生的创新创造意识，营造良好的创新创造环境，为学生的创新思维与创造实践提供充分展示的舞台。其二，从注重知行统一的角度来说，培养创新型人才就是要引导、鼓励学生大胆投身创新创业，统筹多方资源为学生的创新创业尝试提供全面必要的服务和支撑，帮助学生通过实践来满足创造动机、实现人生理想。其三，从注重因材施教的角度来说，培养创新型人才就是要善于发现不同学生的差异性特点和多样性特长，引导学生把自己的能力倾向和潜能优势转化为学术科研的创新创造；要珍视学生在思考、实践过程中产生的创新思维的萌芽，并通过教学育人过程将其培育壮大。

（一）强化实践教学，搭建创新展示的平台

当前我国正处在经济转型升级的关键时期，创新人才培养机制、提高人才培养质量也随之进入一个十分重要和紧迫的阶段。近年来，特别是《纲要》颁布实施以来，教育部门和各高校在创新人才培养机制的方向上进行了一些探索，启动实施了基础学科拔尖学生培养试验计划、卓越工程师教育培养计划、科教结合协同育人计划，开展了试点学院综合改革等，取得了积极进展，积累了有益经验。特别是在实践教学促进创新教育方面，各地各高校积极搭建平台，为大学生提供了展示创新思维、培养创造能力的良好平台。

（二）加强实践教学，促进创新人才培养

创新人才培养机制，其目的是推进素质教育，着力提升学生的社会责任感、创新精神和实践能力。教育部要求各地各高校下大力气落实好七部门联合下发的《关于进一步加强高校实践育人工作的若干意见》，进一步推动高校强化实践教学环节，增加实践教学比重，加强学生实习实践基地建设；加强生产劳动、志愿服务、公益活动等社会实践活动；探索建立完善学生实习实践的相关制度。归纳起来，创新高校人才培养机制的基本思路就是：在科学的人才培养理念指引下，通过深化教育教学改革，激发高校人才培养的潜力和活力，特别是通过创新应用型、复合型、技能型人才的培养机制，着力改善实践能力这个薄弱环节。在教学育人实践上，要在教育教学改革过程中不断积累经验，因地制宜地探索推进素质教育的有效途径和办法，在课程设置、内容选择、教学组织形式、课堂形态和考试评价

等方面进行前瞻性探索和试验，不断拓宽人才培养途径，优化人才知识结构，提高人才培养的质量和水平，努力形成各类人才辈出、拔尖创新人才不断涌现的局面。

（三）深化创业教育，提供创新实践的支撑

近年来，大学生自主创业日渐成为全社会普遍关注的热点和高校实践育人工作的重点，各地区、各高校认真贯彻落实党中央、国务院的决策部署，抓紧开展新一轮大学生创业引领计划，通过加强创业教育、开展创业实践，不断提升大学生就业创业能力和综合素质水平，有效提高毕业生就业创业质量，高校毕业生就业创业工作取得了长足、显著的进展。

党的十八大报告指出，要引导劳动者转变就业观念，鼓励多渠道多形式就业，促进创业带动就业，做好以高校毕业生为重点的青年就业工作。《中共中央关于全面深化改革若干重大问题的决定》更是明确提出，“实行激励高校毕业生自主创业政策，整合发展国家和省级高校毕业生就业创业基金”。2014 年，国务院出台《国务院办公厅关于做好 2014 年全国普通高等学校毕业生就业创业工作的通知》提出，2014 年至 2017 年，在全国范围内实施大学生创业引领计划，通过提供创业服务，落实创业扶持政策，提升创业能力，帮助和扶持更多高校毕业生自主创业，逐步提高高校毕业生创业比例。文件要求各地采取措施，确保符合条件的高校毕业生都能得到创业指导、创业培训、工商登记、融资服务、税收优惠、场地扶持等各项服务和政策优惠；各高校要广泛开展创新创业教育，将创业教育课程纳入学分管理，有关部门要研发适合高校毕业生特点的创业培训课程，根据需求开展创业培训，提升高校毕业生创业意识和创业能力；各地公共就业人才服务机构要为自主创业的高校毕业生做好人事代理、档案保管、社会保险办理和接续、职称评定、权益保障等服务。政府、高校、社会三方参与，形成了大学生自主创业促进扶持的全方位体系。

而面对共同富裕的人才需求，高校创新创业教育内容需要升级转化，这需要从以下方面着力：

一是加快创新创业教育师资队伍建设。各高校应将创新创业教育师资队伍建设纳入学校师资队伍建设的总体规划，制定相应的配套制度，如教师培养计划、教师评价指标体系、创新创业教育激励机制等。应立足校内挖潜能，建立专职教师队伍，同时在与产业界的合作中组建兼职教师队伍。还要引导全体教师树立创新创业教育的理念。以华东理工大学为例，该校对师资队伍的专业培训包括课程内容、授课方法、企业实践等三方面。在创业教育课程内容的培训方面，通过校内外资源相结合的方式加以升级优化：一方面利用校内已有资源对师资队伍进行系统培训，另一方面结合教育部每年举办的“创业教育骨干教师培训班”及团中央推广的“KAB创业教育培训”对参与创业教育的教师进行专业化训练。在创业教育授课方式的培训方面，则致力于普及创业教育的基本理念，强调通过课程教学、讲座沙龙、创业竞赛、案例实践、模拟创业等多种途径使学生真正全过程参与教学，培养学生的创新精神与开拓意识。在创业教育的企业实践培训方面，该校邀请政府部门管理人员、企业管理人员对创业企业进行系统的讲解和分析，使创业教育者了解创业的实际流程和相关政策；同时组织创业教育者深入创业企业、创业园等地，实地了解企业运作的过程和特点，以获得切身的感受。

二是完善创新创业教育课程体系。高校应充分认识普及创新创业教育、培育创业精神在人才培养中的重要意义，全力推进创新创业教育课程体系建设，通过创业基础课程教学，使学生具备以下认知和能力：掌握开展创业活动所需要的基本知识，了解创业的基本内涵和创业活动的特殊性，辩证地认识和分析创业者、创业机会、创业资源、创业计划和创业项目；具备必要的创业能力，掌握创业资源整合与创业计划撰写的方法；熟悉新企业的开办流程与管理，提高创办和管理企业的综合素质和能力；树立科学的创业观，主动适应国家经济社会发展和人的全面发展需求，正确理解创业与职业生涯发展的关系，自觉遵循创业规律，积极投身创业实践。华东理工大学根据工科大学教育的特点及其对创业教育目标任务的认识，提出了“基于CSSO的全程创业教育新模式”。CSSO就是由“构思（Conceive）—策划（Scheme）—模拟（Simulate）—运作（Operate）”四个环节构成的全程创业教育新模式。其主要思想是大力加强本科教学中创新创业理念的渗透，规范创业教育课程的教学与管理，积极建设创业教育第二专业和辅修模块，完善大学生创业教育的课程教学体系。华东理工大学的教师不但编写了《创业精神导论》教材，将创业课程在本科生中进行全覆盖，还根据教学目的和对象的不同，设立了创业精神普及教育系列、创业专门知识选修系列、创业辅导与实践系列、创业专业系列等四个系列课程的建设目标。

三是强化创新创业教育实践实战环节。通过在校内组织开展创业项目设计、创业计划大赛、创业社团活动，以及在校外组织开展创业者访谈、创业项目考察、企业创办等活动，将课堂知识与创业实践紧密结合起来，培养学生在实践中运用所学知识发现问题和解决实际问题的创业能力。以江南大学为例，该校从三个方面拓展创业实践，分别是：（1）成立学生创业社团。每年有2000余人次，在教师指导下，通过创业类社团活动，深入市场、深入企业，提升创业能力。学校先后建立了“大学生创业协会”“江苏无锡大学生创业联盟”“市场营销与就业协会”“大学生职业发展协会”等创业类社团30多个。（2）构建贯穿实践环节的平台。打通学生在校期间各节点上的实践环节，搭建“有实力、能实干、出实绩”的应用型人才实践平台，培养学生专业操作能力、实践动手能力和社会交往能力。如递进式开展结合专业的岗位实训、素质拓展的社会实践、社会适应的就业实习、市场模拟的创业体验等。（3）搭建多层次的平台。空间上，该校有遍布全国26个省市的500多个就业创业实践基地。其中，在海尔集团、茅台集团等100多家董事单位建立紧密型“就业创业感知实验区”155个。实践上，针对低年级学生的创业意识培养，建立了见习基地；针对高年级有创业兴趣学生，建立了实习实践基地。

四是拓宽创新创业教育活动受益面。应当认识到，高校开展创新创业教育，其主要目的不是为少数希望创业的学生提供职业技能培训或创办企业前的辅导，而是不断扩大受益面，把更多学生纳入创新创业教育的受众群体，面向全体学生开展教育实践，培育学生的创业精神、创造意识和创新能力，培养出大批敢创业、会创新、能创造的高素质拔尖人才。例如，北京科技大学通过“给学分、给资源、给教材、给网站、给平台”的创业教育激励保障政策，有效调动学生参与创业活动的积极性。对学生在创业实践活动中取得的成绩，以学分形式予以认可；积极争取校友及企业资源，为学生创业实践提供经费和场地支持；编撰创业类教材，在理论知识和实践操作上给予指导；创建北京科技大学创业教育网站，搭建起学生学习创业知识、提升创业技能的网络平台；组织实施“国家大学生创业训练计划”，建立北京科技大学创业苗圃，从资金、场地、政策等方面扶持创业团队落地发展。

五是加大自主创业帮助扶持力度。高校应充分发挥国家大学科技园孵化作用，鼓励和支持学生到创业基地落户；有效整合校内外资源，筹集“大学生创业基金”，引入风险投资等，扶持学生创业；要结合学生创业项目加强法律、工商、税务、财务、人事代理、管理咨询、项目推荐、项目融资等方面的创业咨询和服务，帮助大学生解决创业初期的各种难题；发挥国家大学科技园科研成果、发明专利转化功能，积极推动科研成果与市场需求有效对接，对在“挑战杯”等各类高水平创业竞赛中获奖的或操作性强的学生创业项目积极进行市场推广，扶持学生成功创业。以浙江大学科技园为例，浙江大学科技园专门划出5000平方米场地作为大学生创业孵化用房，入驻企业可以享受杭州市和西湖区出台的各项大学生创业优惠政策，以及浙江大学科技园提供的全方位、多层次的创业服务。科技园建立了“浙江大学创业青年俱乐部”，经常性地开展会员内部交流，并邀请政府人员、企业家和学者为创业学生讲解创业政策，以及企业管理、市场营销等课程。此外，该科技园在政府支持和企业参与下，进行了公共技术服务平台建设，目前已建成“光与电技术开放实验室”和“生物医药技术测试中心”两个公共技术服务平台。

第五节　方法呈现：实现实践育人的“引进来”与“走出去”相结合

一、高校实践育人“引进来”与“走出去”结合的必要性

知识经济时代需要人才，以科技为先导的综合国力的竞争，是国际竞争的一个重要方面。随着知识经济时代的到来和迅速发展，这种竞争将会越来越激烈。知识经济是以智力资源为资源配置第一要素的经济，而智力资源的核心就是人才。科技成果和知识的增多、社会的发展都源于人才的创新，人才是知识经济的缔造者，更是新时期国家在激烈国际竞争中立于不败之地的关键所在。人才培养是我国新时期实施科教兴国战略、人才强国战略、创新驱动发展战略和可持续发展战略的前提和条件。科技和教育是科教兴国战略的两大支柱，前者涉及知识的创新和应用，后者涉及知识的传播和普及，两者都离不开人才的培养。高质量的人才培养是高校适应时代发展、满足国家和社会发展的社会责任，也是高校自身生存和发展的基础。当前，高等教育国际化进程不断加快，高校竞争不仅是国内高校之间的竞争，更多的是世界范围内的高校竞争，其根本体现在人才培养数量和质量上的竞争。如澳大利亚早就已经把高等教育国际化——大比例招收留学生作为一个重要产业，而且连续几年中国留学生人数都位居留澳学生人数榜首；近几年我国到西方发达国家留学的学生人数逐年上升，这对我国高校的人才培养机制提出了更高的要求。人才培养的新要求，将加快高校实践育人培养体制机制的改革与创新，充分将“引进来”与“走出去”

相结合，不断促进实践育人在实施理念、运行管理、评价标准等方面的创新，从而催生高等教育人才培养模式的转变。

二、高校实践育人“引进来”与“走出去”结合的方法

推动高校实践育人将“引进来”与“走出去”相结合是国内外形势发展变化对人才培养提出的更高要求。随着经济全球化、社会信息化、文化多元化的不断发展，大学生思想政治教育面临的国内外环境更为复杂。从国际环境看，国际化进程不断加快，西方发达国家凭借其雄厚的经济实力和技术优势，极力向全世界推销自己的文化观念、价值标准和意识形态，利用所谓的人权、民主、自由等问题，通过多种途径对其他国家进行思想和文化渗透。近年来，信息技术日新月异的发展，尤其是手机等移动终端的普及，更加剧了新旧思想的交流与碰撞、价值观念的冲突与对立。各种社会政治力量注重借助网络提升自己的“话语权”，把网络作为争夺青年学生的重要阵地，这给大学生思想政治教育工作带来了严峻挑战。从国内形势看，具有中国特色的发展模式和发展道路取得了显著成就，党的十八大以来，以习近平同志为核心的党中央从坚持和发展中国特色社会主义全局出发，提出了“四个全面”战略布局和“创新、协调、绿色、开放、共享”五大发展理念，稳步推进我国经济、政治、文化、社会、生态文明等各个领域的改革。随着改革的不断深化，利益冲突凸显，社会矛盾和问题叠加，人们的思想观念也随之受到冲撞和发生变化。此外，宗教极端思想对高校大学生的渗透也从未间断。因此，如何牢固树立“阵地意识”、引领社会思潮、凝聚社会共识，旗帜鲜明地同错误思想作斗争，关系到能否掌握思想政治教育的主动权。推进实践育人创新发展，通过实践教育有效引导大学生构筑牢固的思想防线，坚定理想信念，坚定道路自信、理论自信、制度自信、文化自信，培育和践行社会主义核心价值观，树立正确的世界观、人生观和价值观，正是当前高校实践育人需要面对和解决的现实问题。

实践无止境，理论研究也无止境。新时代开启了青年学生社会实践的新征程，新时代也对高校实践育人提出了新使命和新要求。当前，我们站在新的历史发展方位上，既要积极解决高校实践育人机制中存在的现实短板和问题，也要主动融入未来社会为我们带来的日新月异的变化与发展，更要勇于践行习近平新时代中国特色社会主义思想。新的历史发展将为我们提供广阔的实践舞台，这既是机遇，也是挑战；既是青年学生的使命，

也是思想政治教育者的责任。因此，我们不仅要继续探索高校实践育人的发展规律，更要深入研究高校实践育人机制的优化与完善，要用科学的理论指导实践，用多维度的创新推动实践。

（一）中外合作实践育人“引进来”的策略

“引进来”发展战略即引进优质实践育人资源，优质教育资源在中外合作教育中占有重要的地位，是中外合作办学的核心，决定着中外合作办学的成功与否。国外优质教育资源是指世界范围内具有较高水平和办学特色，具有一定领先优势的教育教学理念、人才培养模式、课程、教材、教学方式方法、教育管理制度、师资队伍、管理团队和质量保障体系等。因而，需要从不同层面加快中外合作实践育人的步伐：（1）加强中外合作办学的研究。中外合作办学的科学研究，是推动中外合作办学科学发展的基础，其发展水平是中外合作办学事业发展的重要标志之一。现实问题是中外合作办学科学研究的主要研究方向，要在研究中探讨中外合作办学的实践问题，探究发展规律，积极将理论服务于决策，为决策的提出及实施提供理论支持，为优质教育资源的引进提供专业支持。为此，我们要加强中外合作办学的科学研究，强化理论基础。（2）扩大开放，吸引国外著名大学来华办学。通过发展国内高校与国际知名高等教育机构合作办学的形式，加强与国外著名大学合作办学的力度，让国外著名大学来华办学，通过引进高水平名校，提高我国合作高校的教育实力，提升其在国际上的知名度和影响力，吸引更多的高水平名校来华办学。（3）培养高素质人才，增强国内高校的吸引力。人才是科学引进优质教育资源的重要一步，优质教育资源的引进与高效利用必须依靠熟悉优质教育资源引进知识理论和资源管理的人才的积极转化。要实现优质教育资源的引进与高效利用，必须要建立中外合作办学专门人才和管理人才的培训制度，培养了解中外合作办学理论知识和管理的高素质人才，以更有效地引进优质教育资源。（4）加强对国外高等教育机构资质和水平的认证。实践证明，当前我国中外合作办学引进的国外高等教育机构及合作办学项目质量参差不齐，整体水平不高，原因是国内并未建立便捷的国际高等教育机构信息查询系统，对国外高校的了解甚少。因此，为引进高水平的高校和教师，对引进的资源进行把关，必须建立完善的国际高校信息查询系统和教师质量认证系统，积极搜集和整理国外高等教育机构的资料，建立有效的信息查询和质量认证评估系统，为引进优质的教育资源提供保障。

（二）中外合作实践育人“走出去”的发展路径

对中外合作实践育人“引进来”活动做出界定与规范的法律法规有许多，如《中华人民共和国中外合作办学条例》，但是规定中外合作办学“走出去”的法律法规是少之又少，尚未将其纳入中外合作办学的法律框架中加以规范化管理。中外合作实践育人“走出去”活动涉及更多的教育主权、涉外教育监管、外汇管理等问题，更需要完善的政策环境。在优化开发结构、营造宽松的政策环境的基础上，鼓励和支持有条件的高校自主积极探索，不断总结经验，完善中外合作办学“走出去”活动的政策措施：(1) 在具备良好的法律与政策环境的基础上，进一步增加对中外合作办学“走出去”办学活动的资金投入。首先，加大政府对中外合作办学“走出去”活动的财政投入，财政投入对其顺利开展具有至关重要的作用。其次，高校积极拓展投入资金的渠道，通过校内拨款、社会募集、设立基金等形式增加对中外合作办学“走出去”办学活动的资金投入。(2) 加强国际化课程建设。高等教育中外合作办学“走出去”办学活动能否成功开展，取决于我国的高等教育机构能否发挥其课程优势，办出特色与水平。学科专业的设置不仅要满足学生的需要，而且要与社会经济发展的需求相适应。为此，在进行“走出去”办学活动的专业设置时，除了要考虑全球化背景下经济发展的需求，设置符合时代背景的新兴专业，还要考虑学生的需求，设置学生感兴趣的专业。(3) 推动高校内部管理体制改革。实施高等教育中外合作办学“走出去”发展战略，必须建立与之相适应的高校内部管理体制。首先，改革人事聘任管理制度，建立新的国内外教师管理制度，保障教师的合法权益。其次，建立与中外合作办学相适应的学生管理制度，促进中方学生与外籍学生的和谐相处。最后，改革课程与教学管理制度，因为在合作办学中，课程的设置、教学活动的组织与开展都具有特殊性。(4) 打通学分、学历、学位互认渠道。高等教育中外合作办学“走出去”发展战略的顺利开展，除了依靠法律、政策的规范引导与资金的支持，以及高校加强自身的内部管理外，还需要建立学分、学历、学位互认机制，在此方面卓有成效的是欧盟的互认制度，我们可以借鉴他国的成功经验，建立和完善高等教育中外合作办学的教学评估体系和学历学位认证制度，不断提高高等教育中外合作办学的质量。

在共同富裕战略深入推进的环境下，高校必须深入实施“引进来”与“走出去”相结合的实践育人方法，国际化教育应从专业设置、课程模式等方面与企业的人才要求匹配，提高沟通能力、业务协调能力、业务创新能力等；在政府和高校的支持下，建立学分交换制度，着力培养大学生的语言能力、知识技能、实操能力等，提供更多的国外交流学习机会，拓宽大学生的视野，使其能够适应国际发展趋势，提升我国在国际环境中的人才竞争水平。

参考文献

[1] 中共中央马克思恩格斯列宁斯大林著作编译局. 马克思恩格斯全集：第3卷［M］. 北京：人民出版社，1960.

[2] 中共中央马克思恩格斯列宁斯大林著作编译局. 马克思恩格斯选集：第1卷［M］. 2版. 北京：人民出版社，1995.

[3] 方克立. 中国哲学史上的知行观［M］. 北京：人民出版社，1982.

[4] 孙中山. 孙中山选集［M］. 北京：人民出版社，1981.

[5] 毛泽东. 毛泽东选集：第3卷［M］. 2版. 北京：人民出版社，1991.

[6] 邓小平. 邓小平文选［M］. 2版. 北京：人民出版社，1994.

[7] 中共中央文献研究室. 十六大以来重要文献选编［M］. 北京：中央文献出版社，2005.

[8] 刘培林，钱滔，黄先海，等. 共同富裕的内涵、实现路径与测度方法［J］. 新华文摘，2021，(23)：60-65.

[9] 苏泽宇. 大学生社会实践指导［M］. 北京：北京理工大学出版社，2011.

[10] 刘晓东. 大学生社会实践理论与实务［M］. 北京：高等教育出版社，2014.

[11] 王小云，王辉. 大学生社会实践概论［M］. 北京：中国经济出版社，2005.

[12] 民政部社会工作司. 社会工作与志愿服务关系研究［M］. 北京：中国社会出版社，2011.

[13] 丁元竹，江汛清，谭建光. 中国志愿服务研究［M］. 北京：北京大学出版社，2007.

[14] 袁媛，谭建光. 中国志愿服务：从社区到社会［M］. 北京：人民出版社，2011.

[15] 骆守俭. 创业精神导论［M］. 北京：高等教育出版社，2012.

[16] 谭蔚沁，林德福，吕萍. 大学生创业教育概论［M］. 昆明：云南大学出版社，2011.

[17] 杨毅. 大学生创业基础与实践 [M]. 成都: 西南交通大学出版社, 2010.
[18] 李闻一, 胡永政. 大学生创业教育与实践 [M]. 南京: 南京大学出版社, 2011.
[19] 郭建宁. 社会主义核心价值观基本内容释义 [M]. 北京: 人民出版社, 2014.
[20] 课题组. 沪苏浙皖高校创业教育状况调研报告 [M]. 上海: 华东理工大学出版社, 2012.
[21] 王建中, 金宏章. 高校心理健康教育新进展 [M]. 长春: 吉林人民出版社, 2007.
[22] 毛泽东. 国民精神总动员的政治方向 [N]. 新中华报, 1939: 5-10.
[23] 习近平. 始终坚持和充分发挥党的独特优势 [J]. 求是, 2012, (15): 3-7.
[24] 李科, 林伯海. 理想信念教育视域下的"中国梦"教育探析 [J]. 思想教育研究, 2013 (11): 47-50.
[25] 胡旭阳, 胡礼祥. 论大学生党员的党员意识养成机制构建 [J]. 学校党建与思想教育, 2006 (4): 25-27.
[26] 郭世田. 创新型人才研究探析 [J]. 山东社会科学, 2011, (9): 154-157.
[27] 郑春龙, 邵红艳. 以创新实践能力培养为目标的高校实践教学体系的构建与实施 [J]. 中国高教研究, 2007, (4): 85-86.
[28] 雷群安. 高校实践教学存在的问题及对策研究 [J]. 焦作师范高等专科学校学报, 2010, 26 (1): 58-60.
[29] 路军. 高校创业教育五大难题待破解 [N]. 中国教育报, 2013-4-1.
[30] 蒋德勤. 高校创新创业教育师资队伍建设探析 [J]. 中国高等教育, 2011, (10): 34-36.
[31] 吕松, 王从东. 基于科学研究的高校创新型人才培养体系的构建 [J]. 考试周刊, 2011, (57): 181-182.
[32] 胡凯, 杨欣. 大学生志愿服务的思想政治教育功能 [J]. 思想政治教育研究, 2010, 26 (2): 4.
[33] 何海燕. 大学生志愿服务体系分析及发展路径思考 [J]. 思想理论教育, 2014, (3): 109-111.
[34] 林中青. 医学院校大学生志愿服务育人功能及其实现研究 [D]. 福

州：福建师范大学，2013.
［35］刘勇. 发挥基层党组织在社会管理中的作用［N］. 浙江日报，2011-9-26（15）.
［36］沈炜. 长效机制：高校学生党员先进性建设的重要保证［J］. 新德育. 思想理论教育（综合版），2005（10）：51-54.
［37］姜弘冰. 开展价值引领开拓就业资源上海优秀毕业生乐去西部［N］. 人民日报，2014-7-6（1）.
［38］余静，李新卫，张健. 试论高校“体教结合”［J］. 吉林体育学院学报，2009，25（6）：90-91.
［39］瞿连贵，邵建东. 新时代职业教育赋能共同富裕的现实困境与推进策略［J］. 高校教育管理，2022，16（5）：33-39.
［40］刘复兴. 教育与共同富裕：建设促进共同富裕的高质量教育体系［J］. 教育研究，2022，43（8）：149-159.
［41］张应强. 以教育正义促进共同富裕：赋能弱势群体走向共同富裕的职业教育改革［J］. 中国高等教育评估，2022，33（4）：3-10.
［42］钱大可. 将共同富裕发展理念融入高校思政教育的改革构想［J］. 嘉兴学院学报，2022，34（4）：126-131.
［43］栾海清. 人的全面发展、教育公平与共同富裕：逻辑关系和政策支撑［J］. 学习与探索，2022，（5）：145-152.
［44］王丹霞，王兴. 高质量发展职业教育推动共同富裕的内在逻辑、基本路径与突破方向［J］. 职教论坛，2022，38（4）：13-20.
［45］李实，杨一心. 面向共同富裕的基本公共服务均等化：行动逻辑与路径选择［J］. 中国工业经济，2022，（2）：27-41.
［46］洪银兴. 以包容效率与公平的改革促进共同富裕［J］. 经济学家，2022，（2）：5-15.
［47］黄祖辉，叶海键，胡伟斌. 推进共同富裕：重点、难题与破解［J］. 中国人口科学，2021，（6）：2-11.
［48］李实. 共同富裕的目标和实现路径选择［J］. 经济研究，2021，56（11）：4-13.
［49］吴文新，程恩富. 新时代的共同富裕：实现的前提与四维逻辑［J］. 上海经济研究，2021，33（11）：5-19.
［50］张来明，李建伟. 促进共同富裕的内涵、战略目标与政策措施［J］. 改革，2021，（9）：16-33.

附录：调查问卷

共同富裕视域下高校实践育人体系建设研究现状调查问卷

1. 您所在的年级［单选题］*

☐大一

☐大二

☐大三

☐大四

☐研一

☐研二

☐研三

2. 您所在的学科［单选题］*

☐哲学

☐经济学

☐法学

☐教育学

☐文学

☐理学

☐工学

☐医学

☐军事学

☐管理学

☐艺术学

3. 您对“实践对大学生成长至关重要”的看法是？［单选题］*

☐非常赞同

□比较赞同

□不太清楚

□不是很赞同

□不赞同

4. 您认为理论教育与实践教育两者之间的关系是？[单选题] *

□两者都重要，相辅相成

□理论教育更重要

□实践教育更重要

□不清楚

5. 您认为“共同富裕”对当下实践教育工作具有指导价值吗？[单选题] *

□非常有

□有一点

□完全没有

□不清楚

6. 您认为您所在高校对于实践育人的重视程度如何？[单选题] *

□非常重视

□比较重视

□不太重视

7. 您所在高校有没有特色的实践育人活动？[单选题] *

□有

□没有

8. 您对参与实践活动的态度是？[单选题] *

□非常愿意参加

□愿意参加

□可能会参加

□不太愿意参加

□不愿意参加

9. 您参加学校组织实践育人活动的次数是？[单选题] *

□20 次以上

□10~20 次

□5~10 次

□少于 5 次

□从未参加过

10. 您都参加过哪些学校组织的实践活动？[多选题] *

□党团主题教育活动

□寒暑假社会实践活动

□社会志愿服务

□创新创业实践活动

□跨文化交流活动

□心理健康主题教育活动

□不怎么参加

11. 您认为学校实践活动的内容如何？[单选题] *

□内容丰富多样

□内容稍显单一

□不怎么参加

12. 您参加的学校实践活动一般的组织方式是什么？[多选题] *

□学校或学院组织

□社团组织

□教师组织

□学生自发组织

13. 您对学校实践育人工作满意吗？[单选题] *

□非常满意

□满意

□仍需加强

□不满意

14. 您所参加的实践活动是否达到预期目的？[单选题] *

□超出预期目的

□达到预期目的

□未达到预期目的

15. 您认为高校实践育人活动的开展对大多数同学有积极意义吗？[单选题] *

□非常有积极意义

□有积极意义

□缺乏积极意义

□没有积极意义

16. 您觉得当前高校实践育人存在什么具体问题？［单选题］ *

□缺乏实际应用性

□学校重视程度不足

□指导与反馈不足

□实践活动主题单一

□活动经费不足

17. 您希望高校在今后实践育人工作中如何改进？［单选题］ *

□增强实际应用性

□提高重视程度

□建立有效的指导与反馈机制

□丰富实践活动的主题与形式

□增加活动经费的投入

后记

共同富裕视域下高校实践育人体系建设研究是对高等教育本质使命的深刻追问与积极探索。培养具备全面素质的新时代人才，使其能够在推进共同富裕的事业中扮演积极角色，成为社会主义建设的有力推动者，既是我国社会主义教育事业的根本任务，也是高校在共同富裕理念下的责任所在。因此，本书提出了高校实践育人体系建设的理念和方法，探索如何使思想政治教育更富创新性，以及如何在更广泛的范围和领域推动实践育人工作的深化，旨在赋予高校教育体系更为明确的方向，为高校教育事业注入更多的活力和创造力。

在研究过程中，笔者在查阅和收集相关文献资料的基础上，对各级学校不同层次的学生和教育工作者进行了问卷调查及走访调研，并运用马克思主义基本原理与思想政治教育相关理论对调研结果进行梳理精研。在整合现有研究成果的基础上，探究了共同富裕和实践育人的逻辑关系，阐述了共同富裕视域下实践育人的意义和现实可能性、困境及基本原则，并提出了具体的建设路径，以期为高校实践育人体系建设提供些许借鉴。

期望本书的研究能为高校实践育人体系的建设提供有益的参考，进一步提高思想政治教育实际工作的实效性。同时，希望它能够激发更多学者的兴趣，推动高校实践育人体系建设迈出更为稳健的步伐。本书也是国家社科基金一般项目（20BKS140），江苏省研究生教育教学改革一般项目（JGKT23_C091）、江苏大学共同富裕研究院开放课题重点项目（GFZD003）、江苏大学党的二十大精神和思想政治工作研究课题（2023JDSZYB001）的阶段性成果。由于水平所限，加之主题涉及面较广，书中难免有不足之处，敬请广大读者批评指正。